D1146081

HET VERDWENEN KRUISPUNT

MARTIN BRIL

Het verdwenen kruispunt

Berichten van het land

2006 Prometheus Amsterdam

© 2006 Martin Bril

De stukken in dit boek verschenen eerder in *de Volkskrant*

Omslagontwerp Buro Plantage

Foto omslag Ceddo van der Tang

Foto auteur Klaas Koppe

www.uitgeverijprometheus.nl

ISBN 90 446 0694 8

N302

Hoe grijs kan het zijn?

Heel grijs.

Van grijs kun je zeggen dat het zich ergens tussen wit en zwart bevindt, maar eigenlijk is dat te veel eer.

Grijs is gewoon grijs.

Toch is er een verschil tussen grijs op een dag met af en toe een sprankje zon, en grijs op een dag bedolven onder een dik wolkendek. Het laatste grijs tintelt niet, het is grauw.

Grijs doet het vooral op zondagen goed. Ik weet niet hoe dat komt. Misschien omdat we dan het liefst binnenblijven. Maar het kan ook zijn dat zondags grijs ons meer opvalt, ja zelfs ergert, omdat we beter willen op deze vrije dag.

Laatst hadden we zo'n klassieke, grijze zondag. Om het grijs volledig tot me door te laten dringen, bevond ik me op de N302 tussen Enkhuizen en Lelystad, het IJsselmeer aan de linkerhand, het Markermeer rechts.

Mooie weg.

Over een mooie dijk die geen naam heeft, maar van oorsprong een houtribdijk is, aangelegd tussen 1957 en 1975, vijfentwintig kilometer lang, met één flauwe, heel erg lange, en één scherpe, korte bocht. Ooit werd de dijk aangelegd voor de inpoldering van het Markermeer, maar die is nooit doorgegaan. Dat maakt de dijk nog mooier – zinloos.

En grijs was het er helemaal.

Allereerst de lucht; die schommelde tussen smerig wit en loodgrijs; vervolgens het water, zo ver het oog reikte, metalig grijsbruin, troebel grijsgroen; dan de vangrail langs de weg, glimmend zilvergrijs, doorschoten met roest; de basaltblokken langs de dijk in het water, zwartgrijs, het asfalt, bruingrijs, het grind in de berm, waterig, zanderig grijsbruin. Zelfs het gras onder de vangrails was grijs en ook waren er grijze wolken water die werden opgeworpen door passerende auto's.

Halverwege de grijze streep die de N302 was, ligt de Trintelhaven, voormalig werkeiland ten behoeve van de dijkaanleg en nu de plek waar, omgeven door een reusachtig parkeerterrein vol kuilen en barsten en onkruid, Charlie's Checkpoint is gevestigd, een uitspanning in een bouwkeet.

En gesloten natuurlijk.

Ik stond er een tijdje stil. De regen kwam in dikke stralen naar beneden. Johnny Cash zong 'When The Roll Is Called Up Yonder'. De hemel leunde zwaar op de zee, nou ja – het zou een zee kunnen zijn, al dat water: oevers waren nergens te bekennen. Wel hier en daar een meeuw, diverse meerkoeten, een aalscholver.

Ik vervolgde mijn weg.

Het grijs werd af en toe gebroken door het rood-wit van een verkeersbord, het geel van een ANWB-praatpaal, het groen van een hectometerpaaltje. Het zat de kleuren niet mee, ze deden het nauwelijks.

Het einde van de dijk naderde, Lelystad doemde op, een inktzwarte vlek in het grijs. In de achteruitkijkspiegel was het lichter, ik zou eigenlijk rechtsomkeert moeten maken.

Naar het licht.

Niet het donker in.

Maar ik reed door en kwam via een U-bocht, wat bruggen en een rotonde bij een nederzetting die Bataviastad heette: een kluit, in pasteltinten geschilderde huisjes met een zware, bakstenen muur eromheen. Het bleek een winkelcentrum te zijn waar het altijd uitverkoop is, ik bedoel: dat tref je dus in Hollands *heart of darkness*. Gelukkig kletterde de regen genadeloos neer op het kooplustige, grijze volk.

Terreur

Van die plekken die je voorbij rijdt. Neem de driesprong met stoplichten in Stoutenburg, vlak bij Leusden.

Rechtdoor: Achterveld, Barneveld.

Rechtsaf: Leusden.

Terug: Amersfoort, Zwolle.

Vijftig huizen, donkerrood baksteen, tuintjes, één bedrijf: bakkerij Van de Kletersteeg; twee woonhuizen, het ene in gebruik als kantoor, met lamellen voor de ramen, het andere de woning van de eigenaar, een steeg ertussen, loodsen erachter, een parkeerterrein naast een gehakseld maïsveld. Verderop: een bushalte.

Ernaast: een glasbak met drie openingen: eentje voor groen glas, eentje voor bruin glas, eentje voor wit glas. Alleen te gebruiken tussen 7 uur 's ochtends en 19 uur 's avonds. Aan de glasbak een paar verweerde affiches van discotheek The Gate in Hoenderloo. Aanstaande zaterdagavond: erotische stripparty.

Achter de bushalte een *tuingroendepot* waar gras, blad, sierhout, planten en struiken kunnen worden achtergelaten. Verboden te deponeren: puin, plastic zakken, bewerkt hout.

Verder niets hier.

Oké, een brievenbus.

En aan de bushalte een mededelingenbord met daarin de notulen van de laatste vergadering van de dorpsraad. 'De wijkagent is door Johan uitgenodigd voor een gesprek. Hij heeft toegezegd te zullen komen, maar is zonder kennisgeving niet op komen dagen. Johan zal opnieuw contact met hem opnemen om een nieuwe afspraak te maken. Lukt dat niet, dan zal Gerrit contact opnemen met de korpschef.'

Verschillende conclusies zijn mogelijk.

Wijkagent heeft niets te melden.

Wijkagent heeft iets beters te doen.

Wijkagent heeft hekel aan dorpsraad.

Een combinatie is ook mogelijk, maar hoe dan ook: de sympathie gaat uit naar de wijkagent. Dat komt natuurlijk door die Gerrit die dreigt met de korpschef.

Als gezegd: hier gebeurt niets.

Nou ja, één dingetje – op deze driesprong, met zicht op het stoplicht, stond in de nacht van 9 op 10 november 2004 een jongen te bellen; Jermaine W. Preciezer: hij stond bij de bakkerij voor de deur, want daar werkte hij.

Hij belde met zijn broer: Jason W., die samen met een vriend in het Haagse Laakkwartier door speciale eenheden van de politie werd omsingeld. Even voor Jason zijn broer belde, had hij een handgranaat naar de politie gegooid.

'Even serieus,' zei Jermaine toen Jason het vertelde.

'Ik ben serieus. Ik zweer het bij God.'

'Ja?'

'Ik zweer het bij Allah, ze zijn hier, we hebben een handgranaat gegooid en ze zijn weggerend.'

Even later was Jasons beltegoed op. Voor Jermaine zat er niets anders op dan verder te gaan met krentenbollen bakken. Maar hij kon niet meer, en meldde zich af bij de chef, hij had familieproblemen. Op zijn brommertje haastte hij zich door het donkere land naar Amersfoort, zijn vrienden en de moskee.

Tsja.

Terreur in Nederland. Het gevaar is overal, en nergens. Een driesprong in de *middle of nowhere*, in het hart van Nederland, iets voorbij Amersfoort – een plek die je voorbij rijdt.

Nederland

Nederland is nog best moeilijk te vinden. Het schijnt in het noordwesten van Overijssel te liggen, maar wie het intikt in een navigatiesysteem komt op een industrieterrein van Steenwijk uit. Dat is weliswaar behoorlijk in de richting, maar toch fout. Nog een keer ingetikt en er volgt een woonerf in Wanneperveen, best een mooi dorp, daar niet van, maar niet het ware Nederland.

De topografische atlas dan maar.

De kaarten 85 en 86.

Daarop is Nederland luid en duidelijk aanwezig, iets ten zuiden van Kalenberg in de Weerribben, iets ten noorden van de nederzetting Muggenbeet, iets ten westen van Scheerwolde en iets ten oosten van niets, nou ja, de Blokzijlerdijk die het oude land scheidt van het nieuwe land van de Noordoostpolder en waaraan zulke gehuchten als Baarlo en Blankenham liggen. Aan de rand van laatstgenoemde plaats staat een oud kanon dat ooit de boeren waarschuwde voor hoog water in de Zuiderzee. Voor het laatst werd het afgevuurd in 1928, door kanonnier Van der Linden.

Wat een wereld.

Baarlo bestaat uit enkele boerderijen en een kerkhof. De

omliggende velden zijn wit van de sneeuw, maar voorzien van duizenden, rumoerige, donkere vlekken: snaterende ganzen. In hun midden bevinden zich ook zwanen, maar die houden zich rustig. Aan de schuur van de laatste boerderij van Baarlo hangt een grote poster van een klein meisje met vlechten. 'Effe checken!' roept ze uit. Hier komt het moderne rundvlees vandaan, de tijd staat nergens meer stil.

De weg die nu richting Nederland voert, heet de Baarlingerweg. Hij slingert langs bevroren sloten, half vergane hekken en rietkragen. In de verte steken kerktorens boven de horizon uit, hier en daar stijgen rookpluimen op. Er passeert een nederzetting die op de kaart 't Derde Part heet en daar kruist de Baarlingerweg de Veldhuisweg. In de verte steekt een ooievaarsnest boven het land uit.

Nederland.

Er staat bij binnenkomst geen plaatsnaambord, wat jammer is. Wel is er een oud, stalen bruggetje over een bevroren water waaraan een aantal boerenwoningen liggen. De weg lust tussen hoge, kale bomen, langs de erven en de stallen waarin de koeien staan.

Ooit was Nederland een werkelijk dorp, met zelfs een school. De laatste onderwijzer heette J. de Dood, hij overleed in 1892. De turfstekers die hier destijds woonden, waren toen al achter de vervening aan getrokken, richting Kalenberg en Wetering. Nederland was bijna uitgestorven. De Dood is als naam in de streek gebleven, hij komt vooral onder rietsnijders veel voor.

Vlak buiten Nederland, bij de brug, is een rietsnijder aan het werk. Met een kleine machine snijdt hij het riet dat hij vervolgens in grote bundels tegen elkaar zet. Hij heet niet De Dood, wat behoorlijk zou vloeken bij zijn gezonde, rode kop. Hij hoopt dat het harder gaat vriezen, dan kan het riet vanaf het ijs worden gesneden. Verder geen spraakzaam type. Nederland.

Pas bij het verlaten van de nederzetting, de weg voert nu richting Wetering en Scheerwolde, duikt een plaatsnaam-bord op, wat op de een of andere manier symbolisch kan heten: pas als je er weg bent, ben je er geweest, in Nederland – het bestaat alleen in de spiegel. Dit geldt uiteraard alleen voor hen die Nederland zo benaderen als hierboven beschreven.

Verliefd

Niets gaat boven verliefdheid, maar hoe vaak denk je daar nou aan als je het zelf niet bent?

Te weinig.

Laatst zag ik een verliefd stelletje op het fietspad langs de Barneveldseweg tussen Amersfoort en Achterveld. Die weg gaat langs gehuchten als Stoutenburg en Musschendorp en verandert dan van naam: het wordt de Hessenweg.

Het was een koude, maar zonnige dag. Er lag rijp op de velden, en een dunne laag ijs op de sloten. In de weilanden troepten de schapen samen, op de hekken zaten kraaien. Uit de schoorstenen van de boerderijen langs de weg kringelde rook. Hier en daar stond een dampend paard, of bukte een boerin in haar moestuin om een stronk boerenkool uit de harde grond te trekken.

Winter.

Het verliefde stel was nog jong, vijftien, zestien jaar, een jongen en een meisje. Ze fietsten hand in hand – ze droegen allebei wollen handschoenen; hij donkerblauwe, zij roze.

Onder de snelbinders hadden ze hun schooltas, hij het ouderwetse, leren type met handvat en voorvakken – zo'n tas waar je je als middelbare scholier twintig jaar geleden al voor schaamde, zij een donkere rugzak die zo vol zat dat hij niet helemaal dichtgeritst kon worden – je zag de boeken.

Het zat hem in die handen.

Verliefdheid kent diverse stadia. Je hebt de opwinding en de spanning van het begin: de onzekerheid en de verwarring; krijg je elkaar, krijg je elkaar niet – dát.

Daarna heb je elkaar en kan af en toe een broze tevredenheid zijn intrede doen, met de nadruk op broos, want overal loert natuurlijk gevaar en daarbij is tevredenheid natuurlijk niet iets dat past in een wereld van lust en passie.

Maar toch.

Af en toe.

In dit geval zat het hem dus in die gehandschoende handen die elkaar vasthielden; als een warm, wollen hart hingen ze in elkaar geklonken tussen de jongen en het meisje, recht boven een denkbeeldige streep midden op het fietspad, keurig tussen de twee fietsen in, zacht heen en weer wiebelend op de maat van het pedaleren, een lichaamsdeel dat beide geliefden toebehoorde, maar dat toch zelfstandig was.

Geluk is het verkeerde woord.

Wie verliefd is, streeft niet naar geluk. Geluk is saai en huiselijk, geluk is een baan, een huis, een middenklasser met een kinderzitje op de achterbank en op zaterdag boodschappen doen voor de hele week. Geluk is een verlicht rendier in de voortuin en bellen met Nuon over hoeveel dat nou eigenlijk kost, aan stroom. Geluk is het leven van je ouders dat je zelf niet wilt leiden.

Wat zat er dan in die twee wollen handen die samen heen en weer gingen tussen die twee stille fietsers met de pluimen van hun adem dansend boven hun sturen en hun koude voeten op de trappers? Waarom spraken ze niet opgewonden met elkaar, waarom riskeerden ze geen valpartij door elkaar even te kussen; klakkerdeklak de tanden tegen elkaar, de koude neuzen tegen elkaar, de ogen zo dicht bij elkaar dat ze niets scherp meer zien?

Ze waren elkaar genoeg – en in dat warme, nieuwe gevoel ging ook het afscheid al schuil. Nog een paar kilometer en zij moest linksaf en hij rechtdoor. Met hun gehandschoende handen hielden ze elkaar vast, en het was goed zo.

Brunssum

In Brunssum, Limburg, is geen coffeeshop. Er zijn wel vier Chinezen.

Eastern Delight.

Sing Long.

Peking.

De Lange Muur.

Ook zijn er verrassend veel Griekse eettenten in Brunssum, al zien de meeste eruit alsof de bijbehorende Grieken de wintermaanden in Athene doorbrengen. Daar hebben ze natuurlijk groot gelijk in, al kan het daar ook behoorlijk koud zijn.

Behalve Grieken en Chinezen zijn er natuurlijk pizzeria's in Brunssum, en gewone kroegen, slijterijen, lunchrooms en frietkotten. Ook de andere middenstand is er goed vertegenwoordigd: Vögele, Schlecker en Lidl, ze zijn er in Brunssum. Er is zelfs een hoerenkast voor wie binnenkomt via Hoensbroek, en vlak bij het Bodemplein, aan de andere kant van de stad, een winkel in lingerie en erotische artikelen.

Maar er is geen coffeeshop.

De ontbrekende coffeeshop van Brunssum is een verhaal apart. Al tijden is er sprake van een ondernemer uit het aanpalende Landgraaf die graag in Brunssum een coffeeshop zou beginnen, logisch, want waar geen coffeeshop is, moet er eentje komen.

Inmiddels is er een bom ontploft bij de man voor de deur. Eerder al werden in Brunssum een paar politiewagens in brand gestoken en werd een wethouder bijna opgeblazen. Tot slot zijn er geruchten over corruptie en omkoping. Dit allemaal omdat er dus in Brunssum geen coffeeshop is, sterker nog: het bevoegd gezag wil koste wat kost voorkomen dat er ooit een coffeeshop komt.

Dit heet de nuloptie.

Het is een vreemd idee in een Nederlandse provinciestad rond te lopen waar niet één coffeeshopje is. Ergens in een natte straat de hoek om slaan en ineens die bekende, zoete lucht opsnuiven – het is er helemaal bij gaan horen. Soms is het zelfs een betere geur dan die van oliebollen, patat of verschaald bier en bepiste muren.

De nuloptie van Brunssum wordt ingegeven door het idee dat Brunssum wel eens ernstig zou kunnen verloederen als er ooit een coffeeshop komt. Ze hebben er ook geen zin in drugstoerisme vanuit Duitsland. Wie in Brunssum woont en een jointje wil roken, moet zelf maar een toerist worden. Of beter nog: helemaal verhuizen.

Gelukkig ligt Brunssum niet alleen in het zuidoostelijk deel van Limburg. Je hebt er ook Heerlen en Kerkrade en Hoensbroek en Landgraaf. Samen vormen al die plaatsen een grote verstedelijkte zone die door provinciale reclamemakers Parkstad Limburg wordt genoemd. En in al die andere plaatsen heb je wél coffeeshops.

Arm Brunssum.

Men staat er pal voor iets dat niet meer bestaat: de eigen grens. Vanuit het centrum van Brunssum, waar café Marianne (met vitrage en vingerplant) rustig tegenover het gemeentehuis ligt, en het gemeentehuis rustig tegenover de monding van het winkelcentrum, naar de eerste de beste coffeeshop in Heerlen is nog geen twintig minuten. Hoensbroek ligt nog dichterbij, aan de andere kant van de heuvels.

Heeft de Brunssummer zijn dope gescoord, dan is er geen betere plek om de brand erin te steken dan de Brunssummer heide, *home sweet home*. Het enige gevaar dat hier loert, is de militaire politie van de nabijgelegen NAVO-basis. Maar met oorlog in de lucht zal dat ook wel meevallen.

Dintelstraat

De Dintelstraat is een naargeestige straat in een naargeestige buitenwijk van Den Helder die optimistisch Nieuw Den Helder heet. Maar alles is er oud en vervallen.

De straat ligt vlak bij een klein winkelcentrum dat met sluiting wordt bedreigd en wordt omgeven door driehoge flats van baksteen met balkonnetjes van beton die scheef hangen. Verderop is een grote, lege vlakte. Aan de overkant daarvan zijn weer huizen.

Veel wind hier.

Eindeloze wind.

Aan de Dintelstraat zelf staan drie flats die door ouderen worden bewoond. Op een dag, een zaterdag, kwam in de middelste flat een nieuwe dame wonen. Zij was 50 en net gescheiden van haar 64-jarige invalide man. Toen ze maandagochtend om zes uur naar haar werk wilde gaan, werd ze door hem opgewacht.

Ze zag hem niet.

Hij zat buiten in zijn gemotoriseerde rolstoel en had een jachtgeweer bij zich. Toen de vrouw beneden in de hal van het flatgebouw kwam, schoot de man haar dwars door de deur heen dood.

Daarna zichzelf.

De bewoners van de flat cancelden van schrik hun vaste klaverjasmiddag, en ook het bingo in het wijkcentrum ging maandagavond niet door. Hulpverleners schoten toe, de woningbouwvereniging maakte zich zorgen om het imago van de buurt.

De Dintelstraat, na het drama. Er is niets meer dat eraan herinnert. De kapotgeschoten deur van de flat is vervangen, de hal keurig op orde. De plaatselijke krant meldt dat de dader niet kon verkroppen dat zijn vrouw van hem weg wilde, een eigen leven wilde opbouwen. Verder geen informatie.

Je denkt erover na.

Een invalide die voor dag en dauw met zijn karretje door de stille straten van Den Helder snort om zijn vrouw te gaan vermoorden, het geweer onder de deken over zijn knieën. Een weekend lang niet geslapen, getelefoneerd, gehuild, geschreeuwd, gedreigd en gedronken.

Een vrouw van 50 die op de valreep van haar leven nog iets wil maken, eindelijk bevrijd van een tirannieke man. Zwaar weekend gehad, huis ingericht, zondagavond voor het eerst in jaren alleen gegeten. Maandagochtend vroeg weer op. Werkzaam in de gezondheidszorg. Misschien wel een man tegengekomen die wél aandacht voor haar had, die wél attent en aardig was.

Einde verhaal.

Je loopt rond in de Dintelstraat. Er liggen hier en daar nog die rode resten van het oudejaarsvuurwerk. Bij de vuilcontainers staan twee oude keukenstoelen. Voor de ramen van een van de appartementen in de middelste flat hangt de luxaflex scheef. Een dame komt door de hal naar buiten. Ze haast zich weg.

In het kleine overdekte winkelcentrum waar de flats op uitkijken zijn een Konmar-supermarkt, een Bruna annex postkantoor, een slagerij, een snackbar, een drogisterij en een islamitische winkel die ook in telefoonkaarten doet gevestigd. Op de plastic stoelen voor de snackbar zitten drie mannen zwijgend te roken. Bij de slager werkt een meisje met rood haar. De slavinken zijn in de aanbieding.

Buiten huilt de wind.

Een lijkwagen komt je tegemoet als je Nieuw Den Helder verlaat.

N978

Het Groningse land lag er stil bij. IJs op het water, eenden in elkaar gedoken tegen de rietkragen in het Hoendiep, de witte pluimen van de suikerfabrieken van Hoogkerk in de verte, de lucht zo blauw als een KLM-reclame.

Tussen Zuidhorn en Enumatil ligt langs het water de N978, een vrijwel kaarsrechte weg die vlak voor de bebouwde kom van Enumatil een flauwe bocht naar rechts maakt, zo flauw, nauwelijks een bocht te noemen.

Er staan hoge, steile populieren.

Vijf jongeren (15, 16, 16, 19, 29) die naar een optreden van Lucas en Gea in Zuidhorn waren geweest, knalden op een vrijdagnacht met hun auto tegen een boom.

Alle vijf dood.

Lucas en Gea, voor alle duidelijkheid, zijn een duo in de traditie van Saskia en Serge, en vooral in de noordelijke provincies zijn ze razend populair. Ze hebben een cd uit die *Zeg mij waarom* heet.

Maar goed.

Wat je vaak ziet als een auto tegen een boom vliegt, is dat de boom niets mankeert. Dat maakt het ongeluk alleen nog maar indrukwekkender. Maar de boom bij Enumatil is gewond; weliswaar staat hij rechtop, net als zijn buren, maar zijn bast is gescheurd, en het vlees ligt bloot.

De boom is een gedenkplaats geworden. Er liggen bloemen omheen, er staan waxinelichtjes en petroleumlampen. Er ligt een brief waarop staat: 'Misschien is het nu voor altijd feest.'

Van de vijf doden kwamen er drie uit het dorp Enumatil (bruggetje, kerk, molen, wieken in de rouwstand, kleine huizen). Eentje woonde in Tolbert, maar had vroeger in Enumatil gewoond en werkte er nog steeds. De bestuurder had verkering met een meisje uit Enumatil.

Dorp in de rouw.

Kerk open voor opvang, 'dit is ons Volendam', aldus een ouderling. 'Ook ik zit stikvol vragen,' zei de dominee tijdens een van de diensten zondag, 'maar God was erbij aan het Hoendiep. Hij heeft de jongeren erdoor geleid.'

Laten we er niet aan denken wat de predikant hiermee bedoelde, of misschien juist wel. Wat een God die zo met zijn schapen omgaat.

Bijna een week na het ongeluk was ik bij de boom.

Snijdend koud.

Uit de richting van Enumatil kwam een groep kleuters aangelopen. Ze waren met z'n zeventienen en in gezelschap van drie juffen. Af en toe passeerde een auto met een betraande vrouw achter het stuur.

Van de kant van Zuidhorn kwam een colonne fietsers; jongens en meiden in dikke, gewatteerde jacks, met mutsen, sjaals en handschoenen. Allemaal hadden ze een witte roos bij zich. Kinderen van de school waar de slachtoffers ook op zaten.

De kleuters waren er het eerst.

De juffen hurkten tussen de bloemen en probeerden zo goed en zo kwaad als het ging uit te leggen wat er was ge-

beurd. De kleintjes werden er stil van. In het weiland verderop stond een cameraploeg van TV Noord.

Amper waren de kleuters weer op de weg terug naar hun
warme klaslokaal of ze kwetterden er alweer vrolijk op los.
De scholieren uit Zuidhorn parkeerden intussen hun fietsen
en kwamen met gebogen hoofden naderbij.

Asiel

Het kan verkeren. In Eexterveenschekanaal, Drenthe, moeten de asielzoekers vertrekken, in Den Ham, Overijssel, mogen ze blijven. In het eerste dorp wonen ze in recreatiecentrum Aqualande, in het tweede dorp op kampeerterrein de Blekkenhorst. In Eexterveenschekanaal heeft de bevolking zich tegen hen gekeerd, in Den Ham hebben de mensen de vreemde vogels omarmd.

Waarheen?

Den Ham.

Goed nieuws is altijd beter dan slecht nieuws, al wordt daar in het krantenvak anders over gedacht. Als lezer moet je je daardoor niet uit het veld laten slaan. Ook als de krant vol ellende staat, gebeuren er nog wonderen genoeg.

Den Ham is een eenvoudig, nederig dorp in het vlakke land van Overijssel, tussen Ommen en Vriezenveen, niet ver van Hardenberg. De twee prominentste gebouwen zijn de grote silo van landbouwcoöperatie De Eenheid, en het uitgebrande partycentrum en snelbuffet Harwig.

De Blekkenhorst is een begrip in Den Ham, maar aan wie ik de weg ook vroeg, iedereen gaf andere informatie. Linksaf, rechtsaf, weer links en dan het zandpad af. Rechtsaf, rechtdoor, linksaf buiten het dorp en dan de kronkelweg af. Linksaf, door het dorp, bij het gemeentehuis rechtsaf, dan rechtdoor en aan het einde rechts. Uiteindelijk kwam ik er terecht, zo groot en ingewikkeld is Den Ham nu ook weer niet.

Het kampeerterrein overtreft de stoutste verwachtingen. Het bestaat uit een kaalgetrapte speelweide met daaromheen ongeveer vijfentwintig houten huisjes, sommige zo te zien uit de vroege jaren zestig, de meeste in verregaande staat van onttakeling. Ook is er de traditionele rood-witte slagboom en daarnaast een ouderwetse telefooncel, in dit geval in de kleuren grijs en blauw.

De huisjes rond het veld hebben namen als De Fazant, De Merel, Meesje, De Specht, Sijsje, Houtduif, Mieke. Genoemde vogels zijn ook feitelijk ruimschoots aanwezig trouwens, net als satellietontvangers, overal tussen de struiken.

Alleen Mieke ontbreekt, want geen vogel.

In plaats daarvan trof ik bij huize Grutto een vriendelijke Soedanees die knutselde aan een brommer om zijn actieradius wat te vergroten. In het oude kampeerhuisje was een landgenoot bezig met een fiets, het meest voorkomende vervoermiddel op de Blekkenhorst – bij alle huisjes wemelde het ervan, fietsen zonder zadel, zonder banden, zonder wiel, zonder ketting.

De Soedanees vertelde dat hij blij was dat hij hier niet weg hoefde. Dat had hij net te horen gekregen. Hij zat hier nou een jaar en het beviel hem prima. Den Ham was de mooiste stad van Nederland en drie dagen per week zat hij in het aanpalende Vroomshoop op school om de taal onder de knie te krijgen. Hij had nog een lange weg te gaan, maar hij was vol goede moed.

Loog hij monter.

Ik wandelde nog wat rond. Het was dat het een mooie,

zonnige ochtend was, anders zou je de toestand op de Blekkenhorst toch echt mensonterend kunnen noemen. Zelfs kampeerders zouden hier niet willen staan.

Het gemoed schoot dan ook vol toen opeens de Soedanees zijn brommer aan de praat had. Het ding knetterde dat het een aard had en er kwamen prachtige grijze wolken uit de uitlaat. De man nam erop plaats alsof hij nu de wereld helemaal aankon, of ja zelfs ging veroveren. Hij leek verdomd wel even op Jan Cremer. Toen sloeg de oude brommer weer af.

Kruispunt

Een mooi kruispunt is nauwelijks meer te vinden. De rotonde heeft van Nederland een rond land gemaakt. Waar je ook
komt, overal draai je rond, maar ik kan mij niet herinneren
dat de bevolking ooit geraadpleegd is over dit onderdeel van
de publieke ruimte.

Amersfoort is helemaal een stad van rotondes. Rotondes
met kunstwerken, rotondes met bloembakken, rotondes
met basaltblokken, grote rotondes en hele kleine rotondes;
als het maar draait, dan gaat het langzaam en als het langzaam gaat, dan is het veilig – dat moet de gedachte zijn.

Maar wiens gedachte?

Wie kan de uitvinding van de rotonde op zijn naam schrijven, naar wie kan de grootste van het land vernoemd worden, of is er niemand die hem bedacht heeft en heb ik er
daarom zo'n hekel aan? Ik vrees het.

In hetzelfde Amersfoort is met enig zoeken ook nog wel
een degelijk kruispunt te vinden trouwens: Utrechtseweg en
Vlasakkerweg (en in het verlengde daarvan: Bergstraat). En
wat dit kruispunt extra mooi maakt, is dat het verkeer er niet
geregeld wordt door stoplichten.

Ga je midden op het kruispunt staan, dan kijk je aan de

ene kant zo het oude Amersfoort in, de Onze Lieve Vrouwe-toren staat precies in het midden, kijk je de andere kant op, dan zie je Utrecht al bijna liggen. Kijk je naar links, dan zie je de Bergstraat zachtjes naar beneden lopen, draai je naar rechts, dan ligt in de verte het station.

Kan niet beter.

Dan is er ook nog de directe omgeving van het kruispunt. Meest in het oog springend is de oude Opel-garage van Nefkens, zo'n hoekig, sober jaren-vijftiggebouw. Tegenwoordig zijn er een trendy brasserie en een kunstwinkel in gevestigd. Dan is er een oud, ietwat scheefgezakt pandje gevestigd op Vlasakkerweg 1; daarin bevindt zich het hoofdkwartier van de Nederlandse Kano Bond. Ik kano niet, maar als ik zo'n bondskantoortje zie, krijg ik er wel zin in. Schuin tegenover Nefkens, richting Utrecht, is een grote begraafplaats met een oude, bakstenen muur eromheen.

Wat gebeurt er nou op zo'n kruispunt?

Niet veel, dat is het goede nieuws.

Het ligt vlak bij het centrum, maar toch is het er op een doordeweekse dag rustig: er komen veel postbestellers voorbij, dat wel – mannen in het rood en bruin op stoere dienstfietsen met tassen vol post, gevolgd door af en toe een moeder achter een kinderwagen of een oudere dame op een scootmobiel.

Soms passeert er ook een bus, maar die maakt een verdwaalde indruk. Misschien omdat er geen reizigers in zitten. Wat het autoverkeer betreft, dat is er ook, maar het bestaat voor een groot deel uit autootjes van rijscholen. Zo'n kruispunt is voor hen een buitenkansje.

Een klein hoogtepunt ten slotte: twee meiden die halverwege de middag uit de richting van het centrum komen; allebei in een zwart jackie, allebei op hoge laarzen met plateauzolen, de navel bloot, een zak patat in de hand en een grote tas om de schouder met de letters DEPT.

Als ze op de hoek met de Bergstraat zijn, lijken ze even niet te weten hoe ze nou verder moeten. Ze eten allebei een paar frieten, laten een bus passeren en steken dan giechelend over naar de Vlasakkerweg. Ze passeren het hoofdkwartier van de Kano Bond, denken helemaal niet aan kano's, en zijn dan verdwenen – hun onwetende nonchalance trilt nog even na op het kruispunt, dan zijn ze verdwenen.

Vecht

Een ritje langs de Vecht leert dat het voorjaar is. Krokussen, narcissen, bloesem, lammetjes in de wei, zwanen die in paren een geschikte plek zoeken om een nest te bouwen.

Wat is het toch met zwanen?

Het zijn grote, machtige vogels, beroemd van de reclame, en naar verluidt ook heel gevaarlijk, maar als ze met z'n tweetjes in een sloot zitten te klooien, zijn ze vooral erg aandoenlijk. Ze zijn vast jong en verliefd, maar ze doen toch aan een ouder echtpaar denken – de echtelieden kennen elkaar van haver tot gort, een half woord is genoeg, een oogopslag, een handgebaar. Geliefden, vergroeid met elkaars onhebbelijkheden.

Een ritje langs de Vecht, van Loenen, naar Nieuwersluis en Mijnden, en door naar Breukelen. Via de Veenderij, de Kievitsbuurt en de Trekgaten, bij Scheendijk weer terug. Een weg die Zandpad heet, oude bruggen en kleine sluizen, huizen met erven, auto's en volle waslijnen, aan de overkant langs de rivier sierlijke theehuizen en priëlen bijna in het water.

De Vecht.

En hier en daar de voorjaarsschoonmaak; een droogmolen

in een tuin, scheefgezakt onder het gewicht van dekbedden en moltons. Bij andere huizen de ramen open, dekens over de vensterbank. Vrouwen met gele huishoudhandschoenen aan die in de zon even een sigaretje roken.

Ramen lappen.

Gangen boenen.

Keukenkastjes soppen.

De radio onhoorbaar door het loeien van de stofzuiger, zweet op de bovenlip, verhitte oksels, de kinderen niet horen thuiskomen – dat is de grote schoonmaak, en aan het einde van de middag, voor het koken, snel even onder de douche. 's Avonds extra attent voor de man die na het eten de garage heeft opgeruimd en al zin had om het gras te maaien.

Ach ja.

De grote schoonmaak, eerlijk gezegd was ik hem vergeten. Ik weet ook niet of ik er wel herinneringen aan heb, behalve aan mijn moeders handen, gerimpeld en roze door zeep en warm water. Het was een hele operatie, die schoonmaak, maar hij onttrok zich een beetje aan de kinderblik, hoewel daarna toch alles anders was: kakelvers, klaar voor de zomer.

Een ritje langs de Vecht.

Oudere heren die geheel in wielertenue Milaan-San Remo naspelen, zonder Cipressa en Poggio, maar wat wil je, het zijn oude mannen, hun hoofden rood van de vroege zon, de benen geschoren, want dat hoort zo.

Een jonge vrouw te paard.

Een hengelaar.

Twee dames in een zwarte cabrio.

Een jacht op de rivier – *Nooitgedacht*. Mevrouw met een puzzel op het voordek, meneer met pet en warme sjaal aan het roer. Ze dobberen met de stroom mee.

Een ritje langs de Vecht – je kunt er badinerend over doen.

Het is misschien te pittoresk hier. Of anders wel te Hollands. Of juist niet gemiddeld genoeg. Maar als de omstandigheden goed zijn, en het volk is niet massaal uit wandelen en fietsen, is het een pico bello ritje. Om vast te stellen dat het voorjaar is. En nergens cynisme te bekennen.

Natuur

In de Westerschelde zwemt een dolfijn rond. Het dier is in z'n eentje en maakt vrolijke sprongen. Toch moet hij daarmee oppassen, want er is een stroom dagjesmensen op weg om hem te bewonderen.

Gelukkig is er een internationale gedragscode over de omgang met dolfijnen. Echt waar. Deze code schrijft voor dat we op honderd meter afstand van de dolfijn moeten blijven als we per boot achter hem aan gaan. Zijn we met twee boten, dan schrijven de internationale regels voor ieder schip tweehonderd meter afstand voor. Gaan we met tien speedboten de Westerschelde op, dan moet iedereen een kilometer uit de buurt blijven. Een vreemde regel, ik bedoel: wat doe je met honderd boten?

Het ligt dus in de lijn der verwachtingen dat de duizenden mensen die onderweg zijn naar de Westerschelde aan de kant zullen blijven om het wonder der natuur per verrekijker te aanschouwen. Er zijn dijken genoeg om tuinstoelen op te parkeren, maar denk er wel om dat de temperatuur nog aan de lage kant is.

Elders in het land is een schildpad gesignaleerd, ik dacht ergens in een natuurgebied in Zuid-Holland of Brabant. Nu zie je wel vaker schildpadden in de Nederlandse velden, maar meestal zijn dat huisdieren waarop de eigenaars waren uitgekeken. Je zet zo'n beestje dan terug in de natuur, en hoopt er het beste van. Ik heb het zelf ook gedaan, maar dan met een konijn.

De aangetroffen schildpad in Zuid-Holland is evenwel een bijtschildpad, en dat is een soort die in Europa niet voorkomt, niet in het wild en niet in de dierenwinkel. Het is een zwart monster, ongeveer veertig centimeter lang, en hij kan geweldig bijten, vandaar de naam. Een kinderhand heeft hij zo afgebeten, dat u het maar weet.

Ook de bijtschildpad kan zich in een aanzienlijke belangstelling verheugen. Op de radio hoorde ik een interview met de zuchtende boswachter in wiens gebied het dier rondscharrelt. De dagjesmensen zijn nauwelijks meer te tellen. En als ze nou op de paden bleven, maar nee – hele gezinnen kruipen door de struiken, op zoek naar de schildpad. Als het zo doorgaat, kan een ongeluk niet uitblijven.

Tot slot: uit Maastricht het bericht dat in oude kalksteengroeven aldaar fossiele resten zijn gevonden van een 66 miljoen jaar oude oervogel. Zulke oude vogels waren er nog niet in Nederland en naar verwachting zal deze vondst op termijn het toerisme in Limburg een danige impuls geven. Plannen voor een themapark met op ware grootte nagebouwde oervogels zijn in de maak. Ook dinosaurussen zullen daarin een plek krijgen.

Om te voorkomen dat dagjesmensen nu al massaal op de vondst afkom, willen de autoriteiten de exacte locatie van het oervogelfossiel niet bekendmaken. Kijk, dat is nou kinderachtig.

Beilen

Het was stil in Beilen, Drenthe. Heel stil. Het was halfzeven 's avonds. In het centrum waren de winkels dicht. Maar Chinees restaurant Yin Sin was open.

Een keurige zaak.

Ergens halverwege de eetzaal zat een man met zijn oude moeder. De man was een jaar of veertig, de moeder in de zeventig, een kleine vrouw die met haar kin bijna de tafel raakte.

Verder geen klanten.

Moeder en zoon hadden hun bestelling al geplaatst. Al wachtend aten ze nu kroepoek. Iedere hap kraakte keihard. De man dronk bier.

'We zijn nog bij Gerrie geweest,' zei hij op zeker moment. Hij boog wat over naar zijn moeder.

'Uh?'

'We zijn bij Gerrie geweest,' herhaalde de man. Er klonk irritatie in zijn stem door.

'Zijn jullie nog bij Gerrie geweest eigenlijk?' vroeg zijn moeder.

'Dat zeg ik net. We zijn bij Gerrie geweest. Wist je dat ze beroofd is?'

'Verloofd? Gerrie?'

De man stond abrupt op. Hij keek om zich heen. 'Zullen we je jas opvouwen, dan kun je daarop zitten,' zei hij. 'Dit is geen gezicht.'

'Ik ben klein, hè,' beaamde de oude vrouw.

De man liep naar de kapstok, pakte zijn moeders jas, vouwde daar een pakket van. De oude vrouw kwam moeizaam uit haar stoel overeind. De man schoof de jas onder haar billen. Ze ging weer zitten.

'Dit is beter,' zei ze.

'Gerrie is beroofd,' vervolgde de man. 'In Amsterdam. In de tram. Haar hele tas gestolen. Wat vind je daar nou van? Het ergste is dat ze nu haar foto's van tante Elske kwijt is.'

'Elske is al jaren dood. Wat is het vandaag? Zestien januari is haar verjaardag.'

'Mam, ik had het over Gerrie. Die is in Amsterdam beroofd. Door een dief in de tram. Haar hele tas weg. En die twee mooie foto's van tante Elske.'

'Een dief?'

De zoon zuchtte.

De ober arriveerde met hun bestellingen. Toen hij weer weg was, schepte de zoon voor zijn moeder op. Daarna vulde hij zijn eigen bord en begon hij te eten.

'Best lekker,' zei zijn moeder na haar eerste muizenhapje. 'Wat is het?'

'Jij hebt eend.'

'Best lekker.'

Ze aten.

Door een zijdeur achter in de zaak kwam een grote man binnen. Hij bestelde twee babi pangang om mee te nemen en ging toen op de gokkast spelen. Op het pleintje aan de voorkant van het restaurant liep een vrouw voorbij met een hondje onder haar arm. De ober zette de muziek iets harder

om het klikkende bestek van moeder en zoon te overstem-
men. Het klonk anders te hard, té eenzaam, te zeer als een
zoon die zijn oude moeder voor het jaarlijkse dineetje mee
naar de Chinees heeft genomen.

Delfzijl

Langs het Damsterdiep reed ik naar Delfzijl. Het klinkt zo mooi, Damsterdiep, maar het is zo weinig – een smal stroompje, niet breder dan een sloot. Verderop in het Groningse land ligt het Eemskanaal, dat is pas machtig water.

Ik kwam in Delfzijl.

De weg naar het centrum voert langs dichtgetimmerde huizen en geel en oranje gespoten gammele flatgebouwen en het centrum zelf is een kleine rotonde die vier kanten op voert: naar de winkelstraten en de oude haven, naar de dijk, naar het station en terug naar Groningen.

Ik ging naar de dijk.

Aan de dijk ligt het Eemshotel. Beter gezegd: het Eemshotel ligt in de zee en een pier voert er vanaf de dijk naartoe. Het hotel heeft wel iets van een booreiland, maar dan zonder toren.

Binnen nam ik plaats aan het raam. Het was eb en de zee was ver te zoeken. In de verte lag Duitsland. Ik sloeg de Eemsbode open en las dat de plaatselijke PvdA een onderzoek onder jongeren had uitgevoerd. Openbaar vervoer en uitgaan waren de twee thema's die de jeugd van Delfzijl het meest bezighielden.

Ik kon me er iets bij voorstellen.

Er kwam een jong stelletje binnen; jongen een jaar 19, het haar strak in de gel, puistjes op het voorhoofd; meisje even oud, met appelwangen. Ze gingen bij het raam zitten, tegenover elkaar, en keken naar buiten.

Walsmuziek klonk.

Verderop zat een oud echtpaar te bakkeleien. Aan de rand van het wad, waar het land de zee raakte, waren kronkelige sporen te zien die als een soort kleine riviertjes onze kant op kwamen. Volgens de man waren dat nou slufters, de vrouw hield het op slenken. Ook het woord schor kwam voorbij. Toen de kwestie al een tijdje in het stadium van welles/nietes was, pakte de man opeens een grote verrekijker waarmee hij naar Duitsland ging turen.

'Marianne Weber is lesbisch,' zei het meisje met de appelwangen. Ze leek te schrikken van haar eigen stem.

'Oo,' reageerde haar vriendje, 'hoe weet je dat?'

'Dat las ik laatst ergens,' zei het meisje.

De jongen knikte en streelde haar hand.

Buiten begon het te regenen. De druppels sloegen mooie gaatjes in het wad. De wereld ging op een pannenkoek lijken, vlak voor hij gaar is. Het verliefde stel en het oude echtpaar keken stil toe. Ik verliet het hotel op de maten van 'River Deep, Mountain High', een nummer van Ike & Tina Turner, gespeeld door het orkest van James Last.

Het oude stationnetje van Delfzijl kreeg net bezoek van de rommelende dieseltrein die twee keer per uur uit Groningen komt. Scholieren stroomden het oude gebouw uit en stelden zich op het winderige stationsplein op bij diverse bushaltes. De wind rukte aan hun jassen. Ik dacht aan uitgaan en openbaar vervoer. Aan het raam van de vvv, in het station gevestigd, hing een poster van Hans Kazàn die op komt treden. Wie weet goochelde hij Delfzijl binnenkort wel weg.

Gedicht

Soms is het alsof we in een gedicht wonen. Opperdoes, Hoge Kwel, Zingende Wielen.

Noord-Holland dus.

Balgzandkanaal, Koegras, Julianadorp – iets ten zuiden van Den Helder. Klein dorp tegen de duinen, omringd door bollenvelden – geel van de narcissen, paars van de krokussen. Veel vlaggen halfstok bij de boerenbedrijven langs de smalle, rechte weg die langs een smalle, rechte sloot naar de dorpskern voert.

In het centrum: een lege muziekkapel – wat is daar toch zo ontroerend aan? Het idee natuurlijk, dat op een warme zomeravond een man op een tuba gaat spelen. Een paar bankjes eromheen, prullenbakken.

Blokker, Aldi, café Prins Hendrik.

Nieuwendieper Vis (kwaliteit is onze reclame), Ontmoetingskerk (grote driekleur naast de deur), Rabo, Stomerij Neptunus, bloemenzaak De Wit die ook kistjes viooltjes en kunstig beschilderde klompen verkoopt. Bakkers Dunselman en Visser.

Precies tegenover de muziekkapel, naast De Hairboutique, een winkel die Verspark heet. Geen bedrijvigheid in de winkel, nog niet open – wachtend op de zomer (al staan de eerste auto's met Duitse nummerborden al op het pleintje).

Tegen de gevel van Verspark staat een ladder, op de ladder staat een schilder van Noord-Holland-Noord Schilderwerken. Zijn auto staat op de oprit, de deur open, de radio aan. Dido zingt: *'There will be no white flag above my door. I'm in love, and always will be'*. Een mooi liedje, zeker op een dag als deze. De schilder krijgt gezelschap van zijn vrouw; ze arriveert in een oude Mazda en heeft een thermosfles koffie bij zich. Dido is klaar en Robbie Williams schalt over het pleintje.

'I don't wanna die
But I ain't keen
On living either.'

Elders in het land, zo bericht een andere radio dan die van de schilder, staat Kees Groot – bij de poort van het Instituut Defensieleergangen, om precies te zijn, niet ver van Delft. Rob Trip schakelt naar hem over:

'En Henk, de koningin al gezien?'

Henk heeft haar gezien, in het wit, zojuist besteeg zij samen met haar zussen een glazen galaberliner. Ook heeft Henk Groot een bloemenbrik gezien, met veel witte bloemen en linten in rood, wit en blauw.

De schilder komt van zijn ladder af. Met zijn vrouw aan zijn zijde bewondert hij het pandje van Verspark; het staat strak in de witte verf, de kozijnen zijn donkergroen. Ze zingen samen met Robbie Williams mee, eventjes.

Aan de zuidkant van Julianadorp, voorbij de vakantiebungalows van Landall, laat een man een andere man van de zon genieten; laatstgenoemde ligt vastgesnoerd op een instituutsbed op wielen. De ander duwt hem voort over het slingerende schelpenpad van een psychiatrisch ziekenhuis. In de verte raast de N9 naar Alkmaar.

Daarmee zijn we terug in het gedicht: 't Zand, Groote Keeten en bij Stolpen de Stolpervlotbrug – daar heeft het Noordhollands Kanaal een vertakking die in de richting van Schagen en Schagerbrug loopt – en over dát kanaal is een oude ophaalbrug zichtbaar waar de mooiste driekleur van het land wappert, halfstok omdat de oude prinses dood is, maar machtig boven het glinsterende water en golvend in de wind. Wat een land, zo klein en toch een gedicht.

Venray

De Grote Kerk van Venray is inderdaad een grote kerk. Dat komt ook doordat Venray zo klein is en nauwelijks hoogbouw heeft. De toren van de kerk steekt daardoor heerszuchtig boven alles uit. Waar je ook bent in Venray – de toren is er ook. Ben je er toch even aan ontsnapt, dan hoef je maar een hoek om te slaan, en daar is hij weer: steil, grimmig en recht in de leer, een tour de force van bakstenen en hunkeren naar het hoge.

Vlak bij de kerk ligt de Grote Markt – een klein pleintje met wat kroegen ('t Upke, café De Uitmarkt, de Klokkenluider), een paar winkels (Jola Mode, M&S, Intertoys en Juwelier Verlinden), en twee historische gebouwen: hotel-brasserie De Zwaan en het gemeentehuis met trapgevels en kleine ramen. Sinds enige tijd staat het leeg, in afwachting van een horeca-exploitant die er een restaurant in wil beginnen.

Venray heeft nog een plein, overigens: het Schouwburgplein. Dat is veel groter, maar het waait er altijd. Tussen de twee pleinen liggen de winkelstraten, met de *usual suspects*: Etos, HEMA, Vögele, Van Haren, D-reizen, Wibra, Blokker, et cetera. Bijna alles is gevestigd in lelijke, haastig opgetrokken, alweer twintig jaar verouderde nieuwbouw. Slechts hier en daar staat nog iets echt ouds, altijd van dezelfde soort baksteen als de Grote Kerk.

Enfin.

Aan het einde van de middag zit ik op de Grote Markt in een café bij het raam. Dat moet ook gebeuren, en ik kijk naar buiten waar Venray in een hoog tempo tot stilstand lijkt te komen. Zie je normaal gesproken aan het einde van de middag nog wel eens haastige mensen die zich voor een spoedaankoop naar een winkel reppen, hier gebeurt om vijf uur al bijna niets meer, en dat op een doordeweekse dag.

Een jongetje passeert op een steigerende mountainbike. Een verliefd stelletje slentert langs de etalage van Juwelier Verlinden, blijft staan, kijkt, praat, zoent, en vervolgt dan zijn weg. Een vrouw met praktisch haar sjokt voorbij, in beide handen tasjes van de HEMA. Twee kraaien nestelen in de dakgoot van Jola Mode. Een rokende man rijdt langs op een snorfiets. In De Zwaan gaan de lichten aan. Een politiewagen tuft voorbij. Tussen al deze gebeurtenissen liggen lange minuten waarin helemaal niets gebeurt. De enige constante is het meisje dat bij M&S-mode werkt; zij hangt verveeld in de deuropening, te wachten tot zij de zaak kan sluiten.

Het wachten is natuurlijk op een paar jongens op kistjes van Dr. Martens en in Lonsdale-kleren. Zij hebben Venray in een kwade reuk geplaatst. Maar vandaag hebben ze er geen zin in. In plaats daarvan komt Michiel Smit voorbij, de dikgelipte voorman van Nieuw Rechts. Hij draagt een brede, rood-wit-blauwe stropdas, net als het kale kereltje naast hem, wat hen onherroepelijk tot een komisch duo maakt. De rood-wit-blauwe heren worden gevolgd door een cameraploeg van NOVA. Hoe komt het toch dat extreem rechts sinds Janmaat altijd zulke potsierlijke leidsmannen heeft?

De heren verdwijnen.

Het begint zachtjes te regenen, en al snel wat harder. Een

druk bellend meisje fietst voorbij; haar gezicht staat verwrongen. Aan de overkant krijgt het meisje van m&s gezelschap van een oudere collega. Samen laten ze de rolluiken zakken en daarna haalt de oudste een flacon parfum uit haar tas waarmee ze één keer links en één keer rechts in haar hals spuit, een mooie handeling. Daarna kijken de dames om zich heen, en even omhoog – naar de toren van de Grote Kerk die dreigend afsteekt tegen de grijze lucht.

Zierikzee

Avond in Zierikzee. In café Concordia, hoek Havenplein en Appelmarkt, zitten twee mannen aan een tafeltje bij het raam. Buiten passeert af en toe een auto. De straat glinstert in de regen.

'Ik shake helemaal, draai jij effe een sjekkie voor mij,' zegt een van de mannen. Het is een klein, lijkbleek kereltje met flaporen en een grote Feyenoord-pet op.

'Heb jij nog geld?' vraagt de ander. De ober staat afwachtend iets verderop. De kleine knikt traag. 'Vier flesjes bier,' bestelt de ander. De ober verdwijnt.

'Ik wil haar bellen,' zegt de kleine man, 'ik word gek anders. Dit kan zo niet. Geef me je telefoon even.'

'Pas op de batterij, die is bijna leeg. En m'n kaart is ook bijna op.' Toch overhandigt de ander zijn telefoon.

De kleine man begint moeizaam een nummer te formeren. De ander laat een boer die luid door het lege café schalt. De kleine brengt het telefoontje naar zijn oor. Hij sluit zijn ogen.

'Gaat-ie over?' vraagt de ander.

De kleine knikt, hij heeft verbinding. 'Met mij.'

'Zeg je naam, man,' roept zijn maat.

'Hé, hallo. Met Kees. Mag ik Sandra effe?' Kees wrijft met zijn vrije hand langs zijn kin. Zijn ogen heeft-ie nog steeds dicht. De ober zet vier pijpjes Heineken op tafel en maakt zich uit de voeten. 'Doe niet zo moeilijk, Rinus. Geef me Sandra effe.' Hij luistert naar Rinus. 'Ze wil wél met me praten, Rinus. Dat weet ik. Ik ken haar.' Zijn ogen springen open en hij legt de telefoon met een klap op tafel. 'Hij hangt op.'

'Dat gaat te ver,' zegt zijn maat.

'Veel te ver,' mompelt Kees. Hij zet een fles bier aan zijn mond en drinkt. 'Wat moet ik nou? Ik kan niet eens met haar praten. Bel jij d'r eens.'

'De kaart is bijna op. De batterijen zijn leeg. Hier, nog één streepje.'

'Die fucking mongool! Die fuckt met mij. Dat weet Sandra niet eens. Kom op, Fokke, bel nou.'

Fokke, zoals de maat dus heet, begint de telefoon te bedienen. 'Hé, Rinus,' zegt hij met verdraaide stem als hij contact heeft, 'met André. Mag ik Sandra even? Oké. Dan weet ik voldoende.' Hij hangt op.

'En?' vraagt Kees.

'Je moet de groeten hebben.'

'Van die mongool? Jezus. Ik zit helemaal te shaken.'

'Van haar.'

'Van Sandra? Maak mij niet gek, Fokke!' roept Kees trillend uit. 'Godverdomme. We gaan erheen hoor. Ik moet met Sandra praten.'

'Kees,' sust de ander.

Kees bedaart wat. Hij kijkt om zich heen. Zijn kleine ogen staan lodderig en gevaarlijk. Hij neemt een trek van Fokkes sigaret en een slok van zijn bier. Zijn adamsappel stuitert op en neer. Buiten glijdt een rode BMW voorbij.

'Ik bel nog een keer,' zegt Kees langzaam. 'Ik weet dat ze

49

pissed-off is, maar ik ben ook pissed-off. Geef me die telefoon.'

Fokke schuift zijn toestel over tafel. Kees gaat opnieuw proberen zijn Sandra te bereiken. Fokke zet een nieuwe fles bier aan de mond. Hij weet dat het nooit meer iets zal worden met Kees en Sandra. Al was het maar omdat hij geen beltegoed meer heeft. En zijn batterij is ook leeg.

Jubbega

Bij Donkerbroek, een dorp tussen Oosterwolde en Drachten, trof ik een mooi kruispunt, helaas mét stoplichten en flitspaal. De wegen die zich hier kruisen zijn de N381, die Emmen met Leeuwarden verbindt, en een plaatselijke, ongenummerde weg. Vlak bij het kruispunt ligt een wegrestaurant en voor wie uit de richting van Emmen komt is er een groot bord met de tekst: *Donkerbroek, klaar voor uw toekomst!*

Dat zullen we nog wel eens zien, denk je dan, en op het kruispunt sloeg ik rechts af Donkerbroek in, ineens een ongewisse toekomst tegemoet.

Mooi.

Niets te beleven in Donkerbroek, behalve een oude brug over een stil kanaaltje, de Oosterlandsche Compagnievaart. Stilstaand water en veel gele lissen in de wallenkant.

Terug dan maar.

Bij het kruispunt (de rotonde hoort bij het poldermodel, lekker overleggen, een kruispunt is conflictueus, stug) valt de blik op de naam Jubbega, rechtdoor.

Jubbega, Jubbega, wat is er met Jubbega?

Ooit had ik kennis aan een meisje uit Jubbega, jawel. Zij

was enkele jaren ouder dan ik en ik was twaalf, een gevoelige leeftijd. Kennis had ik ook niet aan haar, zij zat drie klassen hoger en ik bewónderde haar.

Groot en blond, van alle gemakken voorzien.

Rookte Drum en reed al bijna brommer.

Kwam dus uit Jubbega, Jubbega, Jubbega – waar ik nooit was geweest, maar nu slechts zes kilometer van was verwijderd. Dichterbij zou ik nooit komen.

Het licht sprong op groen en ik stak het kruispunt over en reed naar Jubbega. Onderweg kwam ik borden tegen die naar Hemrik, Vosseburen en Sparjebird wezen. Dat zijn nog eens plaatsnamen.

Jubbega naderde.

Het ligt aan een oude trekvaart, bomen links en rechts, kleine boerderijen en gedrongen landarbeiderswoningen. De dorpskern bestaat uit een C1000, slagerij Bouwma, een Rabo-filiaal, een kledingmagazijn en een winkel in huishoudelijke artikelen met een ouderwetse lichtbak van Philips boven de deur.

Jubbega.

Er hing een opmerkelijke stilte in dit dorp dat zich heeft weggestoken, voor zover dorpen kunnen wat sommige wielrenners kunnen, zich wegsteken; er zijn, maar er ook niet zijn, een kunst sinds Shakespeare er een beroemd gezegde aan wijdde.

Ik dacht aan het blonde meisje van mijn middelbare school. Haar naam schoot me maar niet te binnen. Grote kans dat zij bij slager Bouwma werkte, of zou zij Jubbega de rug hebben toegekeerd?

Ik dacht aan haar rug.

Aan haar boezem die ze droeg als een triomf.

Daarna reed ik over de smalle Sluislaan naar Gorredijk, Beetsterzwaag en de snelweg. Langs de laan stonden kastanjebomen. Het lover overkapte de weg, en het was alsof ik door een tunnel reed. Ik kwam almaar niemand tegen. De naam van het meisje uit Jubbega was vlakbij, maar net buiten bereik, alsof zij het erom deed.

Genemuiden

Er zijn van die hoeken in het land waar je nooit komt als je er niets hebt te zoeken. De streek rond de Wieden, Beulakerwijde en Belterwijde, is zo'n hoek.

Wanneperveen.

Doosje.

Blauwe Hand.

Heetveld, Barsbeek en Barsbeker-Binnenpolder.

Het land is hier groen, de wegen voeren slingerend over dijken waar knotwilgen langs staan. Overal is water, en aan de horizon liggen de oude, strenge kerktorens van Kampen.

Belt-Schutsloot.

Roebolligehoek.

Genemuiden.

Om vanaf de N331 tussen Vollenhove en Hasselt in Genemuiden te komen, dient men de veerpont over het Zwarte Water te nemen.

Het is een kleine pont, eentje die een beetje scheef aan zijn kabel ligt, vanwege de stuurhut die aan de bakboordkant ietwat buitenboord lijkt te hangen. Bij wijze van ballast staat aan stuurboordzijde een rek met bakstenen. De man die de pont vaart, doet dat al 26 jaar; een verweerde man met een ruige snor en kort, borstelig grijs haar. Hij draagt een grote bril met goudkleurig montuur – type Lee Towers.

De oversteek duurt anderhalve minuut.

De pont is, blijkens een bord onder de stuurhut, gebouwd in Sliedrecht, door machinefabriek De Klop, in het jaar 1954. Een ander bord meldt dat het vaartuig is ontworpen door P. Intveld te Delft.

Hollands glorie.

Het dek van de pont is glad, en van donker metaal dat van het vele gebruik een doffe glans heeft gekregen. Er zijn nog meer borden, overal opgehangen – verboden te roken, motoren uitzetten, remmen vast, links eerst afrijden. Aan de stuurhut wappert een grote driekleur.

Twee keer heen en weer.

Wat een pont!

Op de kade bij het Veerhuis in Genemuiden stonden drie jongens van een jaar of tien met ieder een emmer water, een spons en een ruitenwissertje. Ze droegen nog net geen korte broeken, al was het daar wel het weer voor. Gezonde, blonde jongens waren het. Ze wilden wat bijverdienen door autoramen te poetsen.

'Waar komt u vandaan, meneer?' vroeg de dapperste van de drie. Hij had een klein brilletje op.

'Amsterdam,' zei de meneer die de ramen van zijn auto wel even wilde laten poetsen.

De twee andere jongens waren al begonnen met hun werk en keken nu op. 'Daar wonen veel mensen,' zei de ene dromerig. 'En veel vliegen,' voegde de ander eraan toe.

De meneer liep verwonderd om zijn auto heen, en zag dat de voorkant vol dode insecten zat – die kleine bloederige vlekken die zo bij grote vakanties in het buitenland horen. 'Die vliegen komen uit de polder,' zei hij en hij wees naar de overkant van het Zwarte Water.

'Wij wonen hier in Genemuiden,' zei een van de jongens. Alsof het een heel andere wereld was, daar aan de overkant van het water.

De jongens poetsten de auto.

De meneer gaf ze alle drie een euro en vervolgde zijn weg. De jongens stortten zich op een dame in een terreinwagen. Ondanks haar vuile ramen wilde ze niet dat de jongens er iets aan deden. Dat was dus iemand uit de andere wereld.

N334

De N334 loopt tussen Giethoorn en Zwartsluis. Het deel van de weg dat de Belterwijde doorsnijdt, heet de Blauwehandseweg. Links en rechts van de weg strekt het water zich uit. Aan de ene kant, de oostelijke, is in de verte de industrie van Meppel te zien. Aan de andere, westelijke, horizon tekent zich het silhouet van Vollenhove af.

Op woensdagen wordt er gevist langs de Blauwehandseweg. Aan beide kanten staan de bermen dan vol auto's, en overal zitten mannen langs het water. Ze doen mee aan een wedstrijd, een zogenaamde kilowedstrijd, waarbij het draait om het totale gewicht van de vangst. De vis waarop wordt gehengeld, is brasem – zware, logge vissen die vrij makkelijk te vangen zijn, deurmatten worden ze ook wel genoemd.

De woensdag dat ik passeerde, was een lastige dag om te vissen. De wind kwam hard uit het noordwesten. Aan de ene kant van de weg was de Belterwijde een klotsende, schuimende zee, aan de andere kant lag het water er bijna rimpelloos bij. Aan beide kanten van de weg werd gevist; de hengelaars mogen niet zelf hun plaats kiezen, de wedstrijdleiding wijst die aan.

Vissers maken graag een praatje, maar ze maken er ook

een punt van niet zoveel te zeggen. Aan de onstuimige kant van de weg zat een man op een soort plateau dat hij gedeeltelijk in het water had opgesteld. Hij droeg een donkergroen regenpak en hoge laarzen. Hij zat op een krukje, op het plateau, en werd omringd door emmers en bakjes met diverse soorten maden, wormen, lokvoer en maïskorrels. Een groot schepnet lag klaar, het leefnet hing in de golven. Op de klassieke vraag of hij al iets had gevangen, schudde hij het hoofd.

'Ze zijn er niet, of ze moeten nog komen,' zei hij, en hij keek naar de top van zijn hengel – brasemvissen doe je niet met een dobber, maar via de rode of gele top van de hengel: als die beweegt, meldt zich een vis. 'Vorige week had ik er vier,' vervolgde hij, '8600 gram. Niks gewonnen. D'r waren erbij met zes, of zeven.' De man had een grote Volkswagenbus bij zich die helemaal volgeladen was met hengelsportattributen.

'Zaterdag heb ik met 8400 in Hardenberg gewonnen,' vertelde hij. 'Nummer twee had 3500. Had ik wel mooi een half varken.' Hij grijnsde en zweeg. 'Het water is groot,' hervatte hij na een tijdje, 'de vissen moeten me nog vinden.'

Aan de andere kant van de weg, waar het water minder groot is, hadden de vissen de hengelaars ook nog niet gevonden. Een al wat oudere man zat rustig onder een boom, te midden van al zijn spullen, en luisterde naar Karla Peijs die vanuit een klein radiootje optimistische geluiden over de verkeersveiligheid produceerde. Haar uitroep 'Alle hens aan dek!' veroorzaakte een forse glimlach op het blozende gezicht van de hengelaar. Maar liever had hij natuurlijk een deurmat van vier kilo aan de lijn gehad.

Aan het lokaas kon het niet liggen. 'Er zit koekdeeg in,' vertelde hij langzaam, 'en hennep, duivenmest, vanille en maïs.' Hij keek behoedzaam. 'Venkel, droge beschuit, koriander. Ik meng het zelf.' Hoe precies, en in welke verhoudingen, ging hij duidelijk niet zeggen. Iedere visser heeft zijn geheimen. Een fuut dreef voorbij, gevolgd door een plezierjacht. 'Ze bijten vandaag niet,' zei de man, 'ze zijn er niet, of ze moeten nog komen.' Het klonk verwachtingsvol en berustend tegelijk, en uit het radiootje klonken The Cats en 'One Way Wind'.

Weerribben

'*Natuur is voor tevredenen of legen*', zo opent J.C. Bloem zijn beroemde gedicht over de Dapperstraat.

En dan: '*Wat is natuur nog in dit land?*
Een stukje bos, ter grootte van een krant
Een heuvel met wat villaatjes ertegen.'

Bloem, die in 1966 overleed en in 1947 zijn belangrijkste werk al had geschreven, ligt begraven in Paasloo, aan de rand van de Weerribben waar hij de laatste jaren van zijn leven ook woonde – in Kalenberg, om precies te zijn.

Ik denk wel eens aan Bloem, en aan die openingszin van de Dapperstraat. Zou het werkelijk zo zijn dat de natuur er is voor mensen die tevreden zijn, en leeghoofdig?

Het zou kunnen.

Zelf was Bloem het grootste deel van zijn leven diep ongelukkig. Hij kon niet met geld omgaan, niet met vrouwen, en niet met de drank. Met pijn en moeite dichtte hij een klein oeuvre bij elkaar. Uit veel van zijn gedichten spreekt een enorme gelatenheid, een gedwongen berusting in de onontkoombaarheid van de naderende dood, om het maar eens plechtig te zeggen: *Ik heb van het leven vrijwel niets verwacht,* *'t geluk is nu eenmaal niet te achterhalen. Wat geeft het? – In de koude voorjaarsnacht zingen de onsterfelijke nachtegalen.*

Bloem ten voeten uit.

Maar in de Weerribben vond hij dan toch, tot zijn eigen verbazing, wat hij elders, in Amsterdam, en Den Haag, in Warnsveld en Zutphen, niet kon vinden: 'Voor het eerst van mijn leven een soort van tevredenheid (ik zou haast zeggen geluk, maar dat is zo'n groot woord.)'

Veel nieuwe gedichten leverde het niet op.

Kalenberg is een langgerekt dorp met een smalle waterweg in het midden: de Kalenbergergracht. Aan de beide kanten van het water, de belangrijkste verkeersader in de Weerribben, strekt het dorp zich een kilometer uit. Je hebt er drie horecagelegenheden, de Rietlanden, de Vrijstate en het Doevenhuis, talloze kano- en fluisterbootverhuurbedrijven en een heleboel rietdekkersbedrijven. In de zomer komen er elke dag meer dan twaalfhonderd plezierjachten door de gracht, de meeste zo groot dat ze machtig boven de kleine boerderijen uitsteken, om van het aantal fietsers op het fietspad langs het water nog maar te zwijgen – vele duizenden, in kleurige poncho's en sportieve jekkers van v&d en Perry.

De woning van Bloem staat er nog steeds. Het is een eenvoudige, kleine, witte boerderij met een rieten dak. Hij staat aan het einde van een weg die Kalenberg-Noord heet, en doodloopt. Naast het huis staat een grote loods van een aannemersbedrijf. In de tuin bloeit een rododendron. De dichter woonde er niet alleen; de schrijfster Clara Eggink, met wie hij een blauwe maandag getrouwd was geweest, woonde er ook, in een kleine woonaak voor de deur. Die boot ligt er niet meer.

Bloem en Clara Eggink liggen naast elkaar begraven in Paasloo, iets verderop, op de begraafplaats bij de hervormde kerk, een exemplaar uit 1331. Beiden hebben witte, eenvoudige zerken, in vak D, op rij 1. Bloems steen draagt behalve zijn naam en data de tekst *Voorbij, voorbij, o en voorgoed voorbij*. Op de steen van Clara staat niets extra's. Het paar wordt omringd door de stenen van Johan Tegelaar, Geesje de Wagt, Jan Huismans, Garrigje Vaartjes, Frank Posthumus, Kornelia Los, Pieter Petersen. Al die namen, en al die oude zerken, roepen Clara Egginks beroemdste regel in herinnering: *De mensen zijn oud en hun huizen zijn oud, hun levens zijn reeds oud geboren.*

Verder een mooi landschap, die Weerribben.

Waalkade

Het water trekt. Langs de Waalkade in Zaltbommel is een mooie promenade aangelegd, met banken die uitkijken op de Waal, en altijd zitten daar wel mensen even naar de rivier te kijken, sommigen kort, anderen een uur.

De rivier stroomt voorbij. Van rechts naar links. Rechts wordt het uitzicht bepaald door de Martinus Nijhoffbrug, waar dag en nacht verkeer overheen raast, links is het uitzicht ruim, en zie je de kerktorens van Haaften, Hellouw en Herwijnen, dorpen aan de overkant.

Op een woensdagochtend is er aan de Waalkade niets te doen. Toch zijn er mensen die naar de rivier kijken, de schepen die stroomopwaarts naar de brug gaan, schepen die met de stroom mee onder de brug vandaan glijden, schepen beladen met containers, grind, gas en olie – kleine Nissans op het achterdek, de was wit flapperend in de wind. Als ze er niet zijn, de schepen, is er altijd nog het water met de blauwe lucht erboven.

Hier en daar een wolk.

Koeien in de uiterwaarden.

Op een van de kleine stranden langs de oevers van de Waal zit een moeder met een kind. Ze spelen; emmertje, schepje.

De moeder draagt een roze broek, driekwart, en praktisch haar, blond. Een windjack, rood, want echt warm is het niet. Op de promenade, bij de trap die naar beneden voert, de uiterwaarden in, staat haar fiets, een splinternieuwe Gazelle. De zon speelt met de spaken. Achterop is een grote, plastic stoel gemonteerd voor de kleine, met rode riempjes om hem mee vast te snoeren.

De rivier stroomt.

Iets voorbij de spelende moeder en het kind staat in het grasland langs het water een groot beeld van een jongen in zwembroek – het is een meter of tien hoog. Een ouderwetse lok valt over zijn voorhoofd. Met zijn linkerhand geeft hij de hoogte aan van de waterkering van Zaltbommel: 8.87 meter + NAP. Op de kade, schuin tegenover café-restaurant De Verdraagzaamheid, is eenzelfde jongen te zien, nu als borstbeeld. Ook hij geeft aan hoe hoog het water hier mag komen. Een wonderlijk gezicht, een hoofd, een stukje borst, een angstige hand die uit de stoep steken.

Pal tegenover het grote beeld in het grasland staat aan de kant van de kade een oude bank, zo'n mooie constructie van noest hout en bakstenen, een beetje Berlage-achtig. Het is een herinnering aan de opening van de oude verkeersbrug over de Waal, en de datum die erbij hoort is 18 november 1933.

De rivier stroomt, de schepen komen voorbij. De wolken rollen langs de lucht, de zon flitst af en toe op in de voorruit van een auto aan de overkant. De wereld draait, overal spelen zich drama's af. Behalve hier, aan de rivier.

'We gaan,' zegt de moeder op het strandje tegen haar kind. De wind brengt haar stem dichterbij. Het gras staat zo hoog dat het kind aan het zicht wordt onttrokken. Op de kade glinstert de fiets waar de moeder zo aanstonds op weg zal rijden, het kind achter haar, veilig in de rode riempjes.

Hoenderloo

In Hoenderloo, op de Veluwe, is iemand uit de lucht komen vallen. Een vreemde zaak.

Hoenderloo: korte broeken, fietsverhuur, pannenkoekenhuizen. Park De Hoge Veluwe, vogelgekwetter, maandagochtend vuilnisophaal.

Op een dinsdag in de zomer, aan het begin van de avond, zag een mevrouw woonachtig aan de Bijdamweg in hartje Hoenderloo iets vreemds in de lucht. Het was een vallend, menselijk lichaam. Het kwam neer achter de huizen, in de bossen. Het werd niet gevolgd door een parachute. Wel was achter de wolken het gerommel van een vliegtuig te horen. Een paar uur later meldde mevrouw de vreemde val bij de politie die twee dagen later in actie kwam. Inmiddels is die weer afgeblazen.

Maar de man of vrouw die bij Hoenderloo uit de lucht kwam vallen, is niet gevonden, noch iets dat zijn of haar stoffelijk overschot zou kunnen zijn. Het vermoeden bestaat dat de vreemdeling een verstekeling aan boord van een vliegtuig was, die uit het laadruim is gevallen.

Tsja.

Het is een aardige, zenuwachtige mevrouw die aan de Bijdamweg woont. Aan de muur in de achterkamer hangen tegeltjes met spreuken. *Er zijn er veel die te veel hebben, maar niemand die genoeg heeft. Humor is overwonnen droefheid.* Op tafel staat een oranje naaimachine, in de donkere woonkamer staan robuuste eikenhouten meubels. De mevrouw wil alleen niets vertellen over het wonderlijke voorval van afgelopen woensdag, want ze heeft het niet zo op media. En haar man al helemaal niet.

Naar alle waarschijnlijkheid is de vallende mens terechtgekomen in het Deelerwoud. Dat is een bos van 650 hectares dat niet toegankelijk is voor publiek. Het is eigendom van jonkheer Repelaer, wiens vader hier in 1918 neerstreek. Behalve de jonkheer zelf wonen op het landgoed dam- en edelherten, wilde zwijnen, reeën en andere wilde dieren.

De jonkheer is een man met een verwarde, grijze haardos, een markante neus, een snor en een groene broek die zo intensief is gedragen dat de stof er bij de zakken in rafels bij hangt. Staande op de oprijlaan van zijn landgoed, rookt hij een sigaar.

Donderdag zijn ze inderdaad bij hem geweest, de mannen van de politie, met een paar honden. De jonkheer heeft een wandeling met ze over het landgoed gemaakt, meer niet. Een grootscheepse zoekactie kan hij helaas niet toestaan. De rust op het landgoed is belangrijker. De zwijnen en herten hebben jongen, biggen en kalveren; die raken hun moeder kwijt als er indringers komen.

Bovendien, zo voegt de jonkheer eraan toe: als het een mens was die uit de lucht kwam vallen, dan is het nu een menselijk overschot. Zo'n val overleef je niet, dat weet hij van vrienden die de oorlog hebben meegemaakt. En wat een menselijk overschot op zijn landgoed betreft: dat heeft geen schijn van kans, want zwijnen eten alles.

Jonkheer Repelaer heeft sowieso moeite met het hele verhaal. Hij verwoordt dat zo: 'Het lijkt me allemaal onwaarschijnlijk, maar ja, er gebeuren tegenwoordig wel vaker onwaarschijnlijke dingen.' Zo is het maar net, al krijgt de lommerrijke omgeving wel iets sinisters door het idee dat ergens tussen de bomen een aangevreten lijk ligt. Aan de andere kant: het is ook niet uit te sluiten dat de vallende mens een teken van boven was.

Polder

In een polder zijn de wegen recht, kaarsrecht. Dat is makkelijk, en snel, maar ik lees in *Nacht- en dagwerk* van Martin Reints dat er ook ideeën over symmetrie en schoonheid aan ten grondslag liggen, althans voor zover het de Beemster betreft, de beroemdste polder van alle 3891 die Nederland telt.

'Mogelijk,' schrijft Reints, 'bevredigde de strenge toepassing van de landmeetkunde (...) niet alleen een nuttigheids- en een schoonheidsideaal, maar ook de behoefte aan een les. Het valt moeilijk na te voelen, maar misschien waren rechte wegen in de droogmakerijen voor de toenmalige beschouwer wel even zovele symbolen van "de rechte weg", dus van "het goede".'

Dit lezende, schiet me de zanger Steve Earle te binnen, die een liedje heeft met de volgende regels: *'There's a road in Oklahoma, it's straighter than a preacher, longer than a memory. And it goes forever onward, it's been a good teacher, for a lot of country boys like me.'* Oklahoma is geen polder, maar de weg die Earle bezingt, is beslist net zo recht als onze polderwegen, en ongetwijfeld heel wat langer. De *preacher* is uiteraard de man die het goede moet bewaken, want al het goede komt van God.

Rechte wegen in de polder hebben altijd een wonderlijke

uitwerking op mij gehad – ik kan niet goed verklaren waarom. Als ik 'de' polder zeg, bedoel ik trouwens de Noordoostpolder, want dat is de polder waarmee ik ben opgegroeid.
Wonend op de Veluwe gingen wij regelmatig bij familie in
Friesland op visite en een kwartiertje op stap vroeg mijn vader dan altijd aan mijn moeder: 'Zullen we door de polder?'
'Jaah!' riep ik achterin.

Bij Kampen staken we dan de brug over naar IJsselmuiden
– dat alleen al was een avontuur, want op die brug werd ieder
jaar met oud en nieuw uitgebreid gevochten, nieuws dat mij
als jongetje kennelijk diep raakte – en na een minuut of tien
Kampereiland kwamen we bij de brug naar de polder: links
het Ketelmeer, altijd zwart en dreigend, rechts de Ramsgeul
en het Zwarte Meer, veel kalmer water dan de naam deed vermoeden.

De weg die ons de polder in bracht, was de N50 – of hij
toen hetzelfde nummer had, weet ik eigenlijk niet. Het was
een lange, lange, rechte weg, geflankeerd door bomen in on-
berispelijke opstelling en af en toe boerderijen die in de polder allemaal hetzelfde waren (en zijn): het voorhuis een bescheiden blokkendoos van bakstenen, op en top jaren vijftig,
de schuren opgetrokken uit betonnen platen, rode pannen-
daken erop. Op de velden stonden aardappelen en de velden
duurden tot de horizon.

Soms een kruispunt.

Borden naar Nagele, Kraggenburg, Tollebeek, en Emmeloord natuurlijk, de stompe kerktoren van verre zichtbaar,
een stad van niets waar we een enkele keer bij Hotel 't Voor-
huys op De Deel wel eens een ijsje aten, of op de terugweg
Chinees bij De Lange Muur. Ook had ik in Emmeloord een lieve tante wonen, aan de Sportlaan, maar niet altijd gingen we
daarlangs.

Na drie kwartier rechttoe rechtaan was de polder weer

voorbij en waren we in Friesland, waar het landschap in vergelijking frivool en doorleefd was, maar toch ijlde de leegte van de rechte, lange wegen nog een tijdje bij ons in de auto na, zo herinner ik het mij, alsof we even in het Beloofde Land waren geweest. Heel gek, inderdaad – zoals de God der Gereformeerden op zo'n polder drukt.

Parkeerterrein

Mooi weer is natuurlijk ideaal, maar een leeg parkeerterrein aan zee mag er ook zijn. Een gekke zin, ik geef het toe, maar toevallig kwam ik zo'n parkeerterrein tegen bij Wassenaar, aan het einde van zo'n slingerende weg door de duinen. En het hart brak.

Het was een parkeerterrein zoals er honderden zijn langs de Nederlandse kust. Asfalt met butsen en scheuren waar onkruid en helmgras doorheen zijn geschoten. Soms niet eens asfalt, maar slordige betonplaten en zand.

Altijd kuilen en plassen.

Verkeersborden die scheef staan.

Lege blikjes, ijswikkels.

Eén Volvo V70 van een oudere heer die op het strand zijn labradors uitlaat. Op de dichtstbijzijnde duintop een snackkar met een verschoten vlag. Gesloten, want het is geen weer.

Twee dingen.

Aan de ene kant: de verpletterende eenzaamheid van het parkeerterrein. Het ligt erbij alsof het decennia geleden is dat het vol stond, de herinnering is al bijna vervaagd. Volkomen bizar, want vorige week was het hier nog bomvol. Kennelijk heeft zo'n uitgestorven parkeerterrein een slecht geheugen. Of een heel sterk imago, dat kan ook.

Aan de andere kant is zo'n leeg parkeerterrein het toppunt van verwachtingsvolle anticipatie. Het ligt als het ware hijgend van ongeduld te wachten tot de verkeersstromen *haar* kant op komen. Honderden auto's wil het in *haar* armen sluiten, ja, ik weet ook niet waarom ik aan een vrouw denk.

Nu ja.

Een leeg parkeerterrein laat ik me niet snel door de neus boren, dus ik ging er even fijn een rondje rijden. Daarbij schoot me niets te binnen, behalve dat de lucht er toch wel heel erg dreigend uitzag, moddergeel en donkerbruin, als het palet van de Duitse schilder Polke, en dat zo'n leeg parkeerterrein ook iets kwetsbaars heeft – geen schijn van kans tegen natuurgeweld.

Als het niet met enige regelmaat vol auto's stond, hun daken blikkerend in de zon, zou het in een mum van tijd deel uitmaken van het landschap, een zanderige vlakte met een hek van prikkeldraad eromheen, verboden te betreden, *vogelrustgebied*, een keurig wandelpad erlangs met prullenbakken.

Tijd om te gaan.

Maar net toen ik het parkeerterrein af wilde draaien, brak boven me het noodweer los en plotseling zag ik geen hand meer voor ogen, zo hard kwam de regen naar beneden. De herrie die het maakte was oorverdovend. Het water stroomde als een beek over de voorruit.

Het duurde maar even, toen was het weer droog. Langzaam reed ik de smalle, slingerende strandweg af, langs Duinoord, richting Rijksdorp en Wassenaar. Het was duidelijk zo'n weg waar je eigenlijk verliefd op een brommer overheen moest knetteren, het meisje van je dromen achterop, haar armen stevig om je middel, een hand af en toe plagend in je kruis, de warme wind in je gezicht, de ondergaande zon in de spiegels aan het stuur.

Maar zo'n dag was het dus niet, nog los van het feit dat ik niet op de brommer was, en moederziel alleen, net als dat parkeerterrein dat achter me lag.

Zwanger

Sommige straten hebben het. Bij zomerse warmte worden ze stil; van die verlaten straten worden het dan. De hitte trilt boven het asfalt. De huizen lijken onbewoond. Er is nergens schaduw.

In zo'n straat, nog een lange ook, met de zon er pal boven, liep een zwangere vrouw. Ze was een maand of acht onderweg: eerst kwam haar buik, daarna zijzelf.

Ze droeg een wijde broek van een flodderige, lichtbruine stof, Afrikaanse sandalen met een ingewikkeld vlechtwerk van riempjes rond de enkels en een wit herenoverhemd dat van boven royaal openstond. Aan haar bestofte voeten waren de nagels roze gelakt, maar al een tijdje geleden: de lak was hier en daar verdwenen.

De vrouw was blond. Ze had een hoop haar, en ze droeg het opgestoken. Aan haar oren bungelden grote, zilveren hangers. Ze had een ranke hals. Op haar bovenlip parelden zweetdruppeltjes.

Een hoogzwangere vrouw in de warmte straalt een soort oerkracht uit. Ze moet al dat gewicht met zich meedragen, en de enige manier om het te doen is langzaam, met beleid. Anders is ze veel te snel moe. Het lage tempo geeft de hoogzwangere vrouw in de warmte daarom iets van een tanker; op koers en niet van koers te krijgen. In figuurlijke zin heeft ze een aanzienlijke hekgolf.

Deze vrouw bewoog zich door de lange, stille, zinderende straat alsof ze niet alleen al acht maanden zwanger was, maar ook al acht maanden op stap. Ze was begonnen met lopen toen het nog koud en winderig was, en nu was ze hier – met nog een maand voor de boeg, en vele, vele straten.

Ze bewoog op die manier waarmee zwangere vrouwen zich in hun laatste weken moeten behelpen, en die er in eerste instantie wat onelegant uitziet, maar die bij nadere beschouwing van een hartveroverende schoonheid is.

Als een eend.

Een beetje wijdbeens, de voeten plat op de grond zettend, in een fikse hoek met het onderstel. Het is een loopje dat je waggelend zou kunnen noemen. Toch is dat niet het juiste woord, want waggelen neigt naar vallen, en dat doet dit zwangere loopje helemaal niet. Het is juist heel stevig waggelen – het ziet er nog ritmisch uit ook. Alsof er gelopen wordt op onhoorbare, stampende muziek.

Halverwege de straat hield de vrouw halt. Hoe vaak zie je eigenlijk op straat iemand zomaar even halt houden, gewoon om niets? Meestal staan we stil om te bellen, om in een etalage te kijken, om het gewicht van de boodschappentas van de ene kant naar de andere te verplaatsen. Maar deze hoogzwangere vrouw, die niets bij zich had behalve haar buik, hield zomaar halt, nou ja, om een haarlok van haar voorhoofd weg te schuieren, typisch een gebaar dat bij hoogzwangere vrouwen mooier is dan bij hun collega's die alleen op stap zijn.

Ze pufte even nadrukkelijk.

Streelde met een hand over haar buik.

En vervolgde haar weg. Het duurde even voor ze weer op

gang was trouwens, maar toen had ze het ritme van de waggel weer goed te pakken. Toen ze aan het einde van de straat kwam, sloeg ze rechts af, weer een stille, warme straat in, maar deze met een beetje schaduw. Haar kont stak fier achteruit, en weg was ze, de zomer in.

Biddinghuizen

Zondagmiddag in Biddinghuizen: de meiden hadden niets te doen. Ze waren een jaar of zestien. Ze zongen, melig en vals: *'In the jungle, the mighty jungle, the lion sleeps tonight'*. Ze droegen strakke, laagzittende jeans. De ene droeg er een zwart, satijnen jackie op, de ander een verschoten spijkerjack. Ze hadden één fiets en reden er een rondje mee om winkelcentrum De Ruif.

Alles potdicht.

De kleine huishoudbeurs, de Meermarkt van A. van Loon, de bloemenzaak van Van Bemmel, snackbar De Kiekendief, bakker Tietema, drogisterij Potpourri, kapsalon Klamer, het Kruidvat, de c1000. Alleen de Chinees was open, maar er zat nog niemand te wokken.

De meiden peddelden langs De Gouden Ploeg. Aan de ramen hingen posters voor de 538-drive-indiscotheek die Biddinghuizen aandeed in verband met het veertigjarig bestaan van het dorp. Andere ramen waren ingegooid en dichtgetimmerd. Ook hing er nog een poster voor de klaverjasmarathon van enige tijd geleden. Aan de overkant stond aan de rand van een grasveld een groot bord met 'Biddinghuizen doet het!'

De dames, eentje was rossig, de ander blond, legden aan bij snackbar Twins, wél open. Ze kochten allebei een blikje fris en gingen op het terras zitten. Er draaide een donkerrode, oude Buick het parkeerterrein op. De jongen achter het stuur haalde een paar keer zijn handen door zijn woeste haar – daarbij keek hij diep in zijn achteruitkijkspiegel.

'Daar is ons entertainment,' zei een van de meisjes.

Haar vriendin keek op van het mobieltje waarmee ze zat te sms'en. 'Hij stapt niet uit, wedden?'

De donkerrode Buick gromde en rommelde. De jongen deed nadrukkelijk alsof hij niet in de gaten had dat de meiden naar hem keken. Zijn haar zat inmiddels goed. Ineens reed hij met piepende banden weg.

'Dat zei ik toch,' zei het meisje met de telefoon – en ze verstuurde haar sms'je.

'Eikel,' zei de ander.

Ze zwegen, maar niet verbitterd. In Biddinghuizen was nooit iets te doen. Je kon hier een rondje lopen. Je kon een rondje fietsen. Als je geluk had en een auto en een rijbewijs, kon je een rondje rijden. Maar ook dan kwam je nergens terecht waar iets te doen was. De Buitenwacht in Kampen, The Break in 't Harde, voorbij Elburg, nou ja – even leuk, maar daarna moest je toch weer terug naar huis, naar Biddinghuizen.

Gelukkig hadden ze elkaar.

Een kilometer ten oosten speelde zich intussen Lowlands af, het popfestival. Daar hadden de meiden geen geld voor. Vroeger kon je nog wel onder het hek door kruipen, maar dat kon al jaren niet meer. Ook wel veel moeite trouwens.

De donkerrode Buick kwam het parkeerterrein weer op. De meiden stootten elkaar aan. De auto stopte en de jongen achter het stuur haalde zijn handen door zijn haar.

Zeeland

'Luisteraars, welkom. Dit is de omroep Zeeland. Het is weer tijd om elkaar een goed gevoel te geven. Daar is *Een uurtje Bert* voor, zeg maar in ieder geval. U kunt bellen met "Typisch een vraag voor Bert" en wij zoeken mensen die u kunnen helpen. Vandaag hebben we Jan aan de lijn. Jan During uit Koewacht. Hij is truckchauffeur. Zeg het maar, Jan: waar rij je momenteel?'

'Bert, goedemorgen, ik sta stil.'

'Luisteraars, Jan staat stil. Waar sta je stil, Jan?'

'Bij Sluis, bij de brug.'

'Altijd die brug bij Sluis, ze moeten daar een tunnel aanleggen, vind je ook niet, Jan? Hoe lang sta er al?'

'Vijf minuten, Bert.'

'Oo, dat valt mee. Wat rij je, Jan?'

'Zand, Bert.'

'Hoeveel ton heb je op de wagen?'

'Tweeëntwintig ton.'

'Jajajajaja, tweeëntwintig ton zand, dat is niet mis, Jan, tweeëntwintig ton zand. Daar zal je wel niet snel mee optrekken bij het stoplicht.'

'Nee, Bert...'

'Zeg maar in ieder geval, Jan, waar wil je een oproep voor doen? Ik heb iets gehoord over een hobbybroedmachientje. Klopt dat, Jan? Dat kipkes je hobby zijn, het uitbroeden en dergelijke? Het verzorgen en al die dingen...'

'Dat klopt, Bert, dat is mijn hobby. Niet van die legbatterijkipkes, maar leuke kipkes die je nog bij de boer ziet, of bij mensen die kippen hebben lopen. Dan vraag ik ze om een eitje en dat broei ik dan uit en dan heb je weer een kipke. Dat is toch wel wat, hoor. Dat is uniek. Ik zet d'r ook wel eens een broeds kipke op, maar dan lukt het lang niet altijd en dat is natuurlijk jammer. Daarom wil ik zo'n machientje.'

'Ik snap het helemaal, Jan. Maar wat hoor ik nou, rij je weer?'

'Ja, Bert, ik rij. De brug is dicht.'

'Je belt wel handsfree, hè Jan? Tweeëntwintig ton zand op de wagen, dan moet je wel je handen aan het stuur houden natuurlijk. Word je nou veel ingehaald, Jan?'

'Best wel behoorlijk, Bert. Het is alleen wel oppassen soms, als zo'n inhaalstrook voorbij is en ze halen je toch nog in, op dat laatste stukje dat is gevaarlijk.'

'Luisteraars, u hoort het van een truckchauffeur zelf. Wees voorzichtig met inhalen. Maar goed, zeg maar in ieder geval, we gaan het oproepje doen, Jan. Luisteraars, we zoeken voor Jan een hobbybroedmachine. Typisch een vraag voor Bert. Als u zo'n apparaat niet heeft, maar wel weet hoe je er aan moet komen, kunt u ook bellen natuurlijk. Tips over hoe de eitjes uit moeten komen, zijn ook welkom, hè Jan? Als u een mooi, bijzonder kipke heeft en Jan wel een eitje wil geven, kunt u ook bellen, ja toch, Jan?'

'Zeker, Bert.'

'Oké, dan gaan we afwachten. Jan, goede reis verder. Ik zou zeggen: kip ze!'

'Dank je, Bert.'

'Luisteraars, ik heb alweer iemand anders aan de lijn. En niet zomaar iemand, maar de grootste artiest van Zeeuws-Vlaanderen, Jacco. Jacco Ricardo!!! Jacco, welkom in *Een uurtje Bert* en zeg maar in ieder geval...'

Starlight

In Nijkerk bezocht ik een groot congres over veiligheid, waar honderden mensen van allerlei instanties aan deelnamen: politie, verslavingszorg, reclassering, justitieambtenaren, jeugdzorg, preventieteams, veiligheidshuizen, helpdesken, et cetera.

Er waren toespraken van de ministers Remkes en Donner, een keur aan workshops en debatingbijeenkomsten, een informatiemarkt met tientallen standjes, een internetcafé en een datingbord waar congresgangers die het even niet meer zagen zitten geestverwanten konden vinden. Tot slot was er een afsluitende borrel en een pendelbus naar het station in Amersfoort. De naam van het congrescentrum: Hart van Holland. *What's in a name?*

Veiligheid dus.

Een paar kilometer van Hart van Holland ligt een ander centrum; het uitgaanscentrum Starlight – de populairste discotheek van de Veluwe. Ooit zal de Starlight een boerderij zijn geweest, zoals er wel meer liggen langs de oude straatweg die Nijkerk verbindt met Amersfoort, nu is het een witgepleisterd zootje loodsen met wapperende, paarse vlaggen en hoge coniferen om een enorm parkeerterrein. Verderop

Boesingheliede

De Weerribben zijn door de NCRV uitgeroepen tot mooiste plek van Nederland. Op naar Boesingheliede dat heel ergens anders ligt, in de Haarlemmermeerpolder.

Boesingheliede.

Eén ding is zeker: het klinkt goed. Boesingheliede. Een plaats met zo'n naam verwacht je in Zeeland. Modder en wind, norse mensen, het hart op de juiste plaats, God binnen handbereik. Boesingheliede. De tijd heeft er stilgestaan.

Niet dus.

Boesingheliede heeft het de laatste jaren enorm te verduren gehad. In oude atlassen is goed te zien hoe eerst Schiphol richting Boesingheliede oprukte, toen de Floriade die allang weer weg is, maar wel een hoop permanente infrastructuur opleverde, rotondes, snelwegen, afslagen, fietspaden, tot slot opnieuw Schiphol in de vorm van de Polderbaan die zo'n beetje in Boesingheliede begint, of eindigt, hoe je het maar bekijkt.

Boesingheliede is een langgerekte nederzetting langs een drukke weg die heel toepasselijk de Schipholweg heet. Er zijn vooral bedrijven gevestigd: autohandelaren, een koffiebrander, een cateringbedrijf, een seksclub, een sloperij.

Hier en daar tussen de bedrijven staan oude, noeste woningen, sommige met een moestuin. Op de hoek met de IJweg bevindt zich een stoplicht. Linksaf gaat het naar Zwanenburg en Halfweg, rechtsaf loopt het dood.

Het is een smalle weg waar een paar grote boerderijen aan liggen, de Mariahoeve, de Margarethahoeve – mooie namen voor een hoeve. Een van de twee heeft een partij geiten in het land staan, en onwillekeurig denk je dan toch even aan Theo van Gogh.

Verderop liggen wat kleine, vervallen landarbeidershuisjes, links van de weg. Rechts staat een oude hooiberg. De weg zelf is glibberig van de modder waaruit aan weerszijden het land bestaat: dikke, vette kluiten zo ver het oog reikt.

Aan het einde van de IJweg – die ooit als N519 Zwanenburg met Hoofddorp verbond, maar door de Polderbaan doormidden is gesneden – ligt een kleine rotonde. Enkele meters verderop is de Polderbaan – een smalle sloot en een indrukwekkend hekwerk scheiden het bezoek van de baan.

Kijk je naar rechts, zie je Haarlem. Kijk je naar links, zie je de verkeerstorens van Schiphol, de kleinste het dichtstbij. Kijk je verder nog wat om je heen, dan zie je overal biddende valken. Kijk in je de richting waaruit je bent gekomen, dan zie je Boesingheliede en daarachter de stromen verkeer op de A9. Kijk je recht vooruit, dan zie je om de twee minuten een vliegtuig voorbijstormen, op weg naar het luchtruim, al bijna los van de grond.

Machtig gezicht.

Op de kleine rotonde in het niets bij Boesingheliede staan altijd wel een paar auto's met mannen die naar de vliegtuigen kijken. Er zijn ook voorzieningen getroffen: lantarenpalen, prullenbakken. Ze eten een boterham uit een plastic zakje dat op de stoel naast hen ligt. Ze bladeren wat in de *Panorama*. In hun Astra's, Mondeo's en Passaten maken ze allemaal de indruk het liefst aan boord van zo'n voorbijknallend vliegtuig te willen zitten.

Maar ze zitten in hun auto en zien het leven voorbijflitsen, gefnuikte dromen incluis. Na verloop van tijd maken ze rechtsomkeert, en rijden ze weer recht op Boesingheliede af. Iemand zou er eens een liedje over moeten maken: mannen en Boesingheliede, de lange wegen van de polder en het niets. De Weerribben steken er pover bij af.

Pijnacker

Het was een mistige avond en ik moest naar Pijnacker. Daar was ik nog nooit geweest, maar met deze dikke mist had het ook weinig zin om erheen te gaan: straks was ik er, en zag ik nog niks.

Arm Pijnacker.

Zelf was ik ook arm, want ik zat met mijn neus tegen de voorruit om door de mist te kunnen te kijken. Ter hoogte van Roelofarendsveen had ik al hoofdpijn.

In Pijnacker wachtte een badkuip die ik via marktplaats.nl voor een prikkie had bemachtigd – en zonder badkuip hoefde ik niet thuis te komen. Wat dat betreft is er door de eeuwen heen weinig veranderd. Mannen jagen, vrouwen wachten tot ze terug zijn.

Bij het Prins Clausplein werd ik richting Zoetermeer gestuurd, en meteen daarna moest ik bij Nootdorp de snelweg af. De mist werd meteen nog dikker.

De weg voerde in een lange slinger om Nootdorp heen. Voor zover er in de mist bebouwing zichtbaar was, betrof het nieuwbouw en voetbalvelden. Verder kan over deze streek worden opgemerkt dat de rotondedichtheid er fabelachtig is. Je bent de ene nog niet af, of de volgende dient zich alweer aan. Toch kwam Pijnacker dichterbij, ik voelde het aan mijn hartslag.

Ineens had ik aan mijn linkerhand een hoofdstraat. De winkeliersvereniging van Pijnacker had ook dit jaar weer alles uit de kast gehaald om de donkere dagen een feestelijk tintje te geven. Jammer dat de winkels dicht waren, maar ik kreeg wel prompt zin om mijn schoen te zetten.

Als door een wonder stond ik ineens in de straat waar ik moest zijn, bij het huis waar de badkuip zich bevond. Het zag er donker uit, maar dat zei niets – de omliggende huizen zagen er ook donker uit, voor zover ze zichtbaar waren in de mist. Ik belde aan.

Tring tring.

Er gebeurde niets in het huis, en ik begon Pijnacker al te vervloeken. Maar net toen ik me omdraaide om weg te gaan, hoorde ik binnen geluid – en even later ging in de gang aarzelend het licht aan. Een reusachtige vrouw deed open. U komt voor de badkuip, zei ze.

Daar kwam ik voor.

Komt u verder, vervolgde de dame en ze ging me voor naar haar woonkamer waar de televisie aanstond en de koffie geurde. Op tafel stonden de kopjes klaar. Ze deed de televisie uit en begon over melk en suiker. Ik zag nergens mijn badkuip, maar wel een grote dobermann op de bank. Hij keek loddcrig terug.

We dronken koffie.

Eerlijk is eerlijk, koffiezetten kon ze, deze mevrouw in Pijnacker. Ze vertelde ook hoe het zo gekomen was dat ze al maanden met een nooit gebruikte badkuip in haar maag zat, maar ik luisterde niet goed. Het had te maken met haar man die was overleden, daags voordat hij de badkamer ging verbouwen.

Maar dat kan u allemaal niets schelen, sloot de mevrouw

het verhaal af, kom, ik zal hem u laten zien. Ik volgde haar door de keuken naar het schuurtje achter in de tuin. We moesten door dikke mist en ik dacht: marktplaats.nl, dan kom je nog eens ergens.

In de schuur stond de badkuip tegen de muur. We namen hem ter hand: de dame aan het hoofdeinde, ik aan het voeteneinde. We schuifelden door de tuin, en langs een schutting, naar de auto. Het was net alsof we een lijkkist droegen – maar gelukkig woog het niets, er zat alleen maar mist in de kuip.

N414

'U kunt uw pasje erdoorheen halen.'

Ik haal mijn pasje erdoorheen. Magneetstrip aan de goede kant, altijd even opletten. Wat een dom gebaar is het eigenlijk.

Er gebeurt niets.

'Iets langzamer,' zegt de jongen van het benzinestation langs de N414 tussen Baarn, Spakenburg en Bunschoten.

Ik doe het iets langzamer.

Weer niets.

'Sneller.'

Ik doe het sneller – nog niets.

De jongen grist het pasje uit mijn hand, wrijft de kant met de magneetstrip woest langs zijn trui en ritst het dan door de betaalautomaat.

Weer niets.

Hij doet het nog een keer, nog sneller. Ik begin te vrezen voor mijn pasje. En ik heb zin om de jongen over de toonbank heen te trekken en van heel nabij heel indringend toe te spreken. Of een stuk van zijn oor te bijten.

'Heeft u een ander pasje?'

'Dit pasje doet het altijd.'

'Nu dus niet,' knauwt de jongen. Hoe oud zou hij zijn? 18? 19?

'Het ligt aan die automaat,' zeg ik.

'Hij doet het altijd,' verweert de jongen zich, 'alleen bij uw pasje niet.' Hij kijkt me aan alsof ik hem iedere dag kom lastigvallen met een pasje dat het niet doet, maar ik ben hier vandaag voor het eerst, en voor het laatst, hoewel – benzinestations hebben niet de neiging zich in het geheugen vast te zetten.

'Wat nu?' vraag ik.

'Wat nu?' herhaalt de jongen – er sluipt iets dreigends in zijn stem – 'U heeft geen ander pasje?'

'Jawel hoor,' zeg ik, en langzaam haal ik een creditcard tevoorschijn. 'Maar ik heb eigenlijk geen zin hem erdoorheen te halen.' Ik kijk naar buiten en hoor op de radio dat Joop Doderer is overleden.

Naast het benzinestation staat de maïs hoog op het veld. Er loopt een fietspad langs. Een lange colonne scholieren passeert. Ze weten niet dat Swiebertje dood is, ze weten niet eens wie Swiebertje was.

Zo gaat het.

Over de weg rijden drie gele bussen met enorme aanhangers van bakkerij Het Stoepje uit Spakenburg. Ze komen terug van een markt, ergens in het land. De kerktoren van hun thuisbasis steekt in de verte schril af tegen de lucht, die heiig is.

'Geen zin?' herhaalt de jongen. Zo gek heeft hij het nog nooit gehoord.

'Geen zin,' herhaal ik.

De jongen buigt zich over de betaalautomaat, drukt op een paar knoppen en trekt nog een keer mijn aanvankelijke pasje door de gleuf. Hij doet het zo snel – rats, rats, rats, heen en weer gaat de kaart – dat ik me afvraag of er zo meteen rook zal verschijnen.

Er gebeurt niets.

'U ziet het,' sist de jongen, 'uw pasje doet het niet. Ik raad u aan een andere kaart te gebruiken. U kunt ook uw rijbewijs inleveren en ergens geld gaan pinnen.' Hij overhandigt me het pasje dat warm aanvoelt, heet, eigenlijk.

Ik haal langzaam en bedaard de creditcard door de automaat en meteen gaat het goed. Ik moet op OK drukken, en daarna nog iets tekenen. De transactie is geslaagd.

'Spaart u Freebies?' vraagt de jongen. Al het voorgaande is hij vergeten, maar ik niet. Ik trek hem over de toonbank en verlies dan de moed, sukkel die ik ben.

Meppel

Iedereen maakt fouten, maar niet iedereen is burgemeester van Meppel. Jan Westmaas wel, sinds 1 september 2005. 'Ik voel me een Meppelaar!' riep hij euforisch bij zijn installatie, een jongensdroom ging kennelijk in vervulling. Eindelijk burgemeester, en geen wethouder van Dronten meer.

Omdat Meppel geen ambtswoning heeft, ging de nieuwe burgemeester op zoek naar een passend huis – en zijn oog viel op een pand aan de Stationsweg, nummer 1, een statige villa, op de hoek tegenover de schouwburg.

Jugendstil, 1902.

Geheel gerenoveerd.

1 punt 1 miljoen.

De burgemeester wilde het wel hebben, maar verzuimde tijdig een bod uit te brengen, zodat het pand aan een ander werd verkocht. Daar reageerde Westmaas woedend op: hij vond dat de verkopende makelaar hem had belazerd.

Hij diende een klacht in bij de NVM en toen die ongegrond werd verklaard, liet hij via de voorzieningenrechter beslag leggen op de rekeningen van de makelaar – Bart Fehse uit Havelte. Hij eiste bovendien een schadevergoeding van 20.000 euro, of 5000 euro als het binnen 24 uur werd overgemaakt.

Heetgebakerd burgemeestertje.

Het duurde niet lang of de kwestie haalde de regionale pers, en de burgemeester begon terug te krabbelen. Hij had zo wonderlijk gehandeld uit teleurstelling, het beslag had maar een paar dagen geduurd (in plaats van tweeënhalve week) en was eigenlijk het gevolg van een communicatiefout met zijn advocaat, en het was al helemaal niet zijn bedoeling geweest makelaar Fehse als malafide af te schilderen. Over de geëiste schadevergoeding had hij het gemakshalve niet meer. De gemeenteraad van Meppel beschouwde intussen de zaak als een ongelukkige privékwestie, een slechte start voor de eerste burger, maar ja, zand erover.

Op een dag ging de burgemeester in Havelte op bezoek bij de makelaar om de zaak de wereld uit te praten. De zon scheen, maar de burgemeester zag er pips uit: een wat tengere man in een donkerblauw pak met bruine schoenen, een snorretje en een bril op een prominente neus waaraan een druppel niet had misstaan, want de wind was schraal. Na een paar woorden te hebben gewisseld met de verzamelde verslaggevers (drie), haastte hij zich het makelaarskantoor in.

Een uur later kwamen de burgemeester en makelaar Fehse samen naar buiten. Ze hadden een verklaring op schrift bij zich waarin Westmaas uitgebreid spijt betuigde voor zijn domme gedrag. 'Wat er is gebeurd, is uiterst vervelend,' zei de burgemeester nog maar eens, 'maar het is gegaan zoals het is gegaan. Ik had beter na moeten denken.' Hij keek onverminderd pips.

Makelaar Fehse, een grote man op gezond buitenschoeisel en in bruine jeans met een zwarte coltrui, stond er met de armen over elkaar geslagen naast. Het leek erop dat hij wel een beetje te doen had met de burgemeester die zijn eigen stad niet meer door kon zonder dat overal de mensen 'Een eigen huis' achter zijn rug begonnen te zingen. Hij vond dat de zaak nu was opgelost; meer dan excuses wilde hij niet en die had hij nu, zand erover.

En Meppel?

'Geen imagoschade,' zei de burgemeester ferm, 'absoluut niet.' Hij lachte moeizaam. 'We gaan ons uiterste best doen voor Meppel,' voegde hij eraan toe, denkend aan de vaart der volkeren, en daarna liep hij weg, naar zijn grijze Opel Vectra. Geknakt was hij niet, zo te zien, maar wel beschadigd, door zichzelf. Tragisch als het niet ook komisch was.

Zomer

De zomer loopt ten einde. Je kunt ook zeggen: hij ontglipt ons langzaam.

'Old soldiers never die, they just fade away' – daar doet het me aan denken. Een rustig, waardig sterfbed. Als het straks voorbij is, kan iedereen er een goed gevoel over koesteren. En daar gaat het toch maar om.

Over de pier langs het strand bij Wijk aan Zee rolschaatst een jongen met in zijn ene hand een werphengel en in zijn andere hand een leefnet met twaalf grote zeebaarzen. In de slome branding niet ver van de pier liggen drie surfers op hun planken. Ze speuren de redelijk kalme zee af, geduldig wachtend tot zich een golf vormt.

Kijk, daar.

Langzaam komt het water omhoog, loom, met tegenzin, lijkt het wel. Ja, het gaat een golf worden, maar geen hoge. De surfers peddelen erheen en draaien zich op hun planken om als de golf zich verder verheft en schuimend om begint te slaan.

In de mêlee stuiven de jongens vooruit en onmiddellijk krabbelen ze overeind om de rest van de rit staand op hun plank langs en over de kam van de golf te glijden, tot het wa-

97

ter de macht niet meer heeft om hen te dragen en ze geen snelheid meer hebben, dan vallen ze.

En begint het spel opnieuw.

Op de achtergrond: de havenmond van IJmuiden; sleepboten, zeilschepen, vissersboten. Achter de duinen: de stomende pijpen van de Hoogovens. Vanuit zee drijft een laaghangende, grijze nevel naar het land. Op sommige plaatsen brandt de zon erdoorheen – daar schittert het blauw van de lucht, nog voorzichtig, maar toch.

De hengelaar op zijn rolschaatsen is aan het einde van de pier. Hij heeft onderweg aan diverse collega's zijn vangst laten zien. Nu laadt hij de vissen in de kofferbak van een oude Opel. De surfers hebben een nieuwe golf te pakken en komen op het strand af. Het water schittert op hun donkere pakken. Ze staan als balletdansers op hun planken.

Het strand is hier breed.

En lang, en uitgestorven.

Een jongen in een gele korte broek loopt langzaam door het zand. Hij is gebruind door de zon, zijn haar is blond en verwaaid. Uit de richting van de branding komt een stip zijn kant op – een vrouw in een verschoten zomerjurk, het haar nat.

'Ik heb gezwommen, het water is heerlijk!' roept ze van verre. Ze heeft haar ondergoed in haar hand.

De jongen begint iets harder te lopen. Als het stel eindelijk bij elkaar is, omhelzen ze elkaar en na enige tijd tuimelen ze langzaam om en zoenen ze in het zand verder – niemand die het ziet, zo leeg is het hier.

Tussen de betonblokken langs de pier zit een man, gekleed in een grijze broek met plooi en een wit overhemd met korte mouwen. Hij zit op een groene handdoek die vaak in de wasmachine is geweest. De man heeft zijn schoenen uitgetrokken, bruine veterschoenen. Zijn voeten zijn onwerkelijk

wit. Hij kijkt naar de surfers, de verveelde golven, het vrijen-
de stel in de verte, de zon die doorbreekt tussen de rookpluimen van de Hoogovens.

Moeilijk te zeggen waaraan het te zien is, maar dit is een
man aan wie de zomer voorbij was gegaan als hij niet van-
ochtend vroeg ineens had besloten hiernaartoe te rijden. Nu
denkt hij zijn gedachten. Straks is alles voorbij.

Veelerveen

De dood is een dure grap. Om in Moordrecht, Zuid-Holland, begraven te worden, moet maar liefst 5029 euro worden neergeteld. Daar heb je dan alleen een kuil voor, nog geen kist, nog geen steen, niet eens een kop koffie en een plak cake na afloop van de plechtigheden.

Het kan ook goedkoper.

De goedkoopste begraafplaats van Nederland ligt in Veelerveen, in de gemeente Bellingwedde, in Oost-Groningen, niet ver van Bourtange, Vlagtwedde en Winschoten. Daar kost een graf 197 euro, en wie er zeventig jaar volledig verzorgd wil liggen, is iets meer dan 300 euro kwijt.

Op naar Oost-Groningen.

Veelerveen is een nederzetting van niets, een handvol, gedeukte bakstenen huisjes aan het B.L. Tijdenskanaal dat halverwege het dorp een aftakking heeft: het Mussel-Aakanaal. Iemand die van kanalen houdt, zit hier goed.

Behalve een slagerij en een snackbar die The Bridge heet (bij de brug over een van de kanalen, inderdaad), is er niets – nou ja, een oude molen, een bedrijf dat in veevoeders doet, een autosloperij, een bushalte en dus die begraafplaats – aan de Venneweg die naar Veele en Wedde gaat, ook van die nederige oorden.

De begraafplaats ligt aan de rand van de bebouwde kom en wordt omgeven door een middelhoge heg waarvan het blad nu nog bruin, dor en knisperend is. Men treedt er binnen door een hek dat niet al te best in de verf zit en dat knarst als het wordt geopend. Beter kan het niet, zou ik zeggen.

Links van de begraafplaats ligt een weiland waar schapen in lopen, verderop is een stukje akker, vers geploegd. Rechts van de begraafplaats een terrein met bomen, keurig in het gelid, nog niet zo lang geleden geplant.

De begraafplaats is zo groot als een voetbalveld, misschien iets kleiner. Alleen de linkerzijde is in gebruik, rechts staan net zulke bomen in het gelid als op het veld ernaast. In de lengteas loopt een grindpad, met aan de linkerkant korte zijpaden waaraan de graven liggen, bescheiden, robuuste graven – de oudste met verweerd tegelwerk, de jongste van glimmend marmer. De namen zijn hier door de jaren heen hetzelfde gebleven. Fokko, Berend, Aaltje, Klasina, van die namen waar je moeiteloos gezichten bij ziet.

Aan het einde van het veld staat een treurwilg waar een rotonde van grind omheen is gelegd. Er staan wat coniferen, en daarachter zijn weer twee schuurtjes die met hun kont tegen een slootje liggen. Op het zwarte, roerloze water drijven een uitgelubberd condoom en een roestig colablikje.

Langs het middenpad is op twee punten een voorziening getroffen – een kraan die water geeft, met een bescheiden bouwsel van oude spoorbielzen eromheen. Bij de kranen staan Brabantia-fluitketels om water mee af te tappen. Van een van de ketels is het handvat kapot, het steekt baldadig uit de tuit. Verder zijn er twee grote, groene plastic gieters, maar die staan als privéschildwachten bij een recente zerk, vlak bij de treurwilg.

Rust zat in Veelerveen – behalve het kukelen van hanen en het passeren van af en toe een trekker is er niets te horen op de begraafplaats. Op bijna alle grafstenen komt het woord rust trouwens terug – rustplaats, hier rust of rusten, laatste rustplaats. Weinig bijbelteksten, geen sentiment hier in Oost-Groningen. Voor wie ervan houdt, of voor wie gewoon goedkoop wil liggen, is het hier perfect. En het is een leuk uitje voor de nabestaanden.

Twente

Langzaam kleurt het land bruin, oranje, rood en geel – de herfst is begonnen. In Twente zie je dat beter dan in de Randstad. De trage, maar onvermijdelijke overgave aan een nieuw seizoen.

Het begin van de herfst is ook het einde van de maïs. Tussen Holten, Markelo, Goor en Diepenheim is dat het meest voorkomende gewas. Vee staat hier in hoog aanzien, dat kan niet anders – maïs wordt alleen als veevoeder verbouwd. Jammer.

Maïsvelden hebben iets ongenaakbaars. Als groene muren liggen ze in het landschap. Ze nemen de diepte weg, en het vergezicht op bosranden, weilanden, glooiingen en boerderijen. Toch zijn ze niet saai, al scheelt het maar weinig. Er zouden ook andere gewassen op het land moeten staan, dat zou misschien helpen.

Daar staat tegenover dat maïsvelden ook heel mooi kunnen zijn, zeker als ze het tijdstip van oogsten naderen, zoals nu. Is het bewolkt, dan hangt er een bijna paarse, grijze sluier over zo'n veld. Schijnt de zon, dan nemen de pluimen boven op de planten een oranje, bijna gouden gloed aan.

Van dichtbij is een maïsveld vooral geluid, als er tenminste een beetje wind staat. De hoge, bamboeachtige staken, met hun verdorde bladeren en wiebelende pluimen, ruisen, suizen en knetteren dat een aard heeft. Het is bovenal een droog, knapperig geluid – je hoort als het ware dat de tijd rijp is om de maïs van het veld te halen.

Ook dat gebeurt.

De manier waarop maïs wordt geoogst, staat in schril contrast met de schoonheid van een maïsveld. Het heeft zelfs iets wreeds. Een machine rijdt het veld in, ernaast komt een tractor te rijden die een grote kar trekt.

De machine snijdt de staken dicht bij de grond af, zuigt de bladeren, kolven en stelen door een brede buis naar binnen en verhakselt ze al doende tot een lichtgroene pulp die aan de bovenkant via een andere buis in de kar achter de trekker wordt gespoten.

Zo lang als het duurt voor maïsplanten zijn uitgegroeid tot een oogstbaar maïsveld, zo snel is de oogst binnengehaald: binnen een paar minuten is de kar achter de trekker vol en meldt zich de volgende trekker, met de volgende kar.

Wat rest is kaal, stoppelig land.

Tussen Holten, Markelo, Goor en Diepenheim rijden die trekkers met hun bergen lichtgroene pulp af en aan. De bergen worden gelost bij boerderijen, waar ze bedekt worden met zwart landbouwplastic waar oude autobanden op komen te liggen om te voorkomen dat de boel straks wegwaait als de stormen opsteken. Inkuilen, noemen ze dit.

Dat het boerenbedrijf hard was, wist ik wel, maar dat een maïsveld in zo korte tijd tot niets kon worden gereduceerd, had ik me eigenlijk nooit gerealiseerd. Tussen Holten, Markelo, Goor en Diepenheim zullen ze er wel aan gewend zijn, als iemand er al ooit bij stilstaat. Wat is nu maïs? En wat een maïsveld?

Veevoeder.

Hoe meer maïs wordt geoogst, hoe leger het land wordt en hoe langer de herfst duurt, hoe kaler ook de bosranden. Nog een paar weken, hooguit een maand, en Twente zal er grimmig en grauw bij liggen. Regen zal het land teisteren, ja, de seizoenen, je doet er niets aan. De koeien, intussen, loeien voort in hun stallen. Zij hebben nergens last van, en buiten zie je ze niet meer.

Woensdagmiddag

Misschien wel de mooiste woensdagmiddag van oktober, maar op de Operettelaan in Terwijde gebeurt niets.

Terwijde?

Onderdeel van Leidsche Rijn – de enorme stadsuitbreiding van Utrecht, ten westen van de A2, richting Haarzuilens, Vleuten en De Meern. Dertigduizend woningen voor tachtigduizend mensen, talloze wegen, fietspaden, verkeersdrempels, glasbakken, speeltuintjes; een nieuwe wereld, deels af, deels in aanbouw.

De Operettelaan: een winderige, strakke laan. Een laag flatgebouw erlangs, geparkeerde auto's, zand, opgespoten land. Aan het einde van de laan een kleine nederzetting van donkerrode bakstenen: het Leo Ascherhof, vernoemd naar een operettecomponist.

Net als de Frans Leharsingel, een stukje terug, daar schuilt de man van de *Lustige Witwe* achter, en net als de Walter Kollolaan, van de gelijknamige componist die *Der Juxbaron*, *Die Tolle Komtess*, *Olly-Polly* en *Fraulein Puck* schreef.

Olly-Polly.

Leidsche Rijn en operette – het rijmt moeilijk, maar het weer helpt, en de bedrijvigheid ook. Overal busjes van verwarmingsbedrijven en gebruinde bouwvakkers. Vrachtwagens, heimachines, draglines. Joelende schoolpleinen, moeders op fietsen. Utrecht in de verte: de schoorsteen van Douwe Egberts, het kopje koffie langs de snelweg bij Oog en Al.

Elders, verderop, dezelfde woensdagmiddag: aan de rand van Houten, vlak bij het Amsterdam-Rijnkanaal: de banen van de Nieuwegeinse Golfclub: honderden mensen slaan een balletje, duizenden ballen liggen op het groene veld waar de spelers inslaan voor ze langs de holes gaan lopen.

Geruite broeken.

Besmuikt gelach.

Karren vol spullen.

Op een steenworp: kasteel Heemstede. In het restaurant een paar tafels bezet; heren in pakken, een man met zijn vriendin, een echtpaar van een jaar of vijftig (zij grijs, zwarte coltrui, gouden ketting, hij type Jan Mulder), dat uitbundig eet.

Flarden van gesprekken:

'Het woord slachtoffer viel ineens,' klinkt het hard en duidelijk, waarna de spreker onmiddellijk het volume dempt en de rest onverstaanbaar is. 'Donkerblauw, hoeveel donkerblauw heeft de gemiddelde vent in zijn kast hangen? Je koopt eens iets met een streepje, maar hoeveel streepjes kun je hebben?' Dat komt van een andere tafel, maar het antwoord dat erbij hoort, gaat verloren.

Buiten schijnt de zon.

Langs het Amsterdam-Rijnkanaal in de richting van Nieuwegein: hengelaars, mensen die langs de oever in de zon liggen, schepen op het water. De brug bij Nieuwegein: dansende autodaken, flikkerende zon. De Plofsluis, de aftakking naar het Lekkanaal. Utrecht in de verte, de Dom, flatgebouwen.

Nieuwegein zelf.

De Markt: terrassen om een parkeerterrein heen. Een bouwsel dat een muziektent zou kunnen zijn. De achteringangen van winkels. Zeeman. Free Record Shop. Bij de deur van Miss Etam zitten twee meisjes te roken. Op de terrassen is het druk. Een vrouw draagt een t-shirt waar I'M IN SEARCH OF A RICH BOYFRIEND op staat. De letters hobbelen over haar boezem. Verderop de Passage – overdekt winkelen, ook op een zonnige dag populair.

Nieuwegein.

Een uitpuilende, gele prullenbak aan een hoge mast met twee vierkante klokken. Eén geeft de correcte tijd aan, de andere is ingegooid en kapot. Hij staat voor altijd op tien over halfzeven. Perfect tijdstip, voor Nieuwegein. De zon begint te zakken.

Markt

'Hier is Almere begonnen,' zei de barkeeper van grand café De Villa, aan de Markt in Almere-Haven.

'En hier eindigt Almere ook,' zei de enige klant die hij had, een man in een trainingspak die aan het raam een biertje dronk. 'Het wordt steeds minder, alles gaat naar het centrum. Het nieuwe theater. De goeie winkels. De kroegen.'

'Waardeloos,' beaamde de barkeeper.

Buiten regende het.

Over de Markt (een pleintje ter grootte van een half voetbalveld, keurig betegeld, voorzien van een kunstwerk en een fontein) schuifelde af en toe een bejaarde, achter een rollator. Kinderen stonden onder de parasols van het café te schuilen voor de regen, de bus naar Amsterdam rolde over de busbaan. De jonge kastanjebomen waren hun eerste bladeren al aan het verliezen. Een bruine smurrie vormde zich op de grond. Een duif pikte rond in een verloren kroket.

'Er gebeurt hier nooit iets,' vervolgde de barkeeper. 'Hoe lang zit ik hier nou? Ruim een jaar. De mensen gaan vroeg eten, en de mensen gaan vroeg naar bed. Elf uur is het uitgestorven, en om zes uur 's ochtends staan ze weer in de file.'

'Altijd zo geweest,' bromde de klant. 'Doe er nog maar eentje.' Hij gebaarde naar zijn lege glas.

Buiten passeerde een man op een scootmobiel. In het mandje aan zijn stuur had hij twee krukken staan. Zijn linkerbeen zat in het gips. Achterop had hij een krat bier.

'Heb je vanavond mosselen?' vroeg de klant. Op de bar stond een geplastificeerd bordje met de tekst: 'Ja, wij willen de mosselpan!'

'Ja, dat probeer ik maar eens,' zei de barkeeper. 'Eens kijken of dat hier loopt.'

'Loopt niet,' zei de klant, en hij nam een forse teug van zijn nieuwe bier en boerde. 'Sorry,' zei hij.

'Geeft niet, joh, doen de Chinezen ook,' grimlachte de barkeeper.

Buiten hield het op met regenen. De zon brak door. Boven de Markt was sprake van een dynamische lucht – zoals Gerrit Hiemstra van het KNMI dat noemt. Veel wolken, veel beweging, af en toe zon, dan weer regen, een herfstlucht, met andere woorden. Meeuwen vlogen laag over.

Een groep kleine, zwarte jongetjes in fleurige trainingspakken stak met dansende passen het plein over. Halverwege kruisten ze drie meiden met hoofddoeken. Even leek het erop dat een botsing zou volgen, maar op het laatste moment hielden de meiden in, en de jongens konden doorlopen.

Aan de overkant, bij Hakkenbar De Driepoot, arriveerde een moeder met een kind in een wandelwagen – een ouderwetse buggy van MacLaren. Ze tilde het kind eruit en zette het in het speeltoestel bij de hakkenbar op de stoep, een rood autootje dat voor 50 eurocent op en neer en heen en weer ging.

Ze gooide het geld erin en verliet het kind om binnen een paar verzoolde, witte laarzen op te halen. Het autootje ging op en neer en heen en weer. Het kind huilde.

'Er gebeuren hier best leuke dingen,' mompelde de barman, 'maar niet genoeg, hè, dat is het probleem.'

'Ach, joh,' zei de klant, 'zo is het overal. Doe mij er nog eentje. En neem zelf ook wat.' Hij dronk zijn laatste slok en zette met een klap het lege bierglas op tafel. Buiten begon het weer te regenen. De barkeeper zette bluesmuziek op.

Suikerbieten

Ieder jaar moeten de suikerbieten van het land. De wereld mag in brand staan, de boer moet zijn bieten van het land halen.

De bietencampagne is een fenomeen dat het hele najaar aanhoudt. Als de wind goed staat, of verkeerd, ruikt de hele stad Groningen naar de suikerfabrieken aan het Hoendiep en in Hoogkerk. Het is een weeë lucht; zoet en brak. Als het mooi weer is, zie je aan de rand van de stad de hoge schoorstenen hun witte pluimen uitbraken. Tussen Haarlem en Amsterdam stond tot voor kort ook een suikerfabriek, in Halfweg. Bij wind uit zee rook je de suiker in Amsterdam-West. Zowel in Groningen als in Amsterdam-West heb ik lang gewoond. De geur van suikerfabrieken hoort voor mij bij de herfst als bladeren die van de bomen vallen. Vooral in het donker doet de stank het goed.

De haven van Oude Zeug ligt aan het IJsselmeer, ter hoogte van Wieringerwerf, iets ten noorden van Medemblik. Het is een haven die alleen gebruikt wordt in de bietencampagne. Het is dan ook meer een aanlegsteiger voor binnenvaartschepen, beschut door de Wieringerdijk aan de ene kant en een smalle pier in het IJsselmeer. Hier is het zes dagen per week een komen en gaan van enorme vrachtwagens die hun bieten in schepen lossen die daarna over het IJsselmeer en door het Amsterdam-Rijnkanaal en verder over de oude Maas naar Puttershoek en Dinteloord varen. Daar staan ook suikerfabrieken.

Meneer Kikstra, een montere man van een jaar of 50, werkt in Oude Zeug. Zijn vrouw trouwens ook. Zij zit bij de weegbrug voor de vrachtwagens en hij in een kleine cabine onder een grote machine die steekproeven neemt in de laadbakken van de wagens. Iedere keer als er een vrachtwagen komt, gooit de chauffeur een sticker bij meneer Kikstra naar binnen waarop staat van welke boerderij de bieten komen. Het apparaat voor de steekproef verdwijnt in de wagen en trekt er een fikse emmer bieten uit. Die komen via een buis bij meneer Kikstra de cabine binnen en het idee is dat hij ze onder aan de buis in een plastic zak opvangt. Hij plakt de sticker erop en gooit de zak op een lopende band die naar een container loopt. 's Avonds worden alle zakken naar de fabriek gebracht waar ze op suikergehalte worden onderzocht. Op basis daarvan wordt de prijs bepaald.

'Het is leuk werk,' vindt Kikstra, 'een ontspannen job.' Hij is boer in de Wieringermeer, zijn boerderij staat vlak achter de dijk zelfs, maar in het najaar doen hij en zijn vrouw altijd mee in de campagne. Het is lekker verdiend ook. En hun zoon doet de boerderij.

Als de steekproef genomen is, rijden de vrachtwagens naar een platform vlak langs de kade. Daar lossen ze hun bieten in een enorme machine die ze via een slingerende lopende band in de laadruimte van het schip doet belanden. Het gaat sneller dan je denkt; er zit zo duizend ton suikerbieten in een schip. Het maakt een prachtig, rommelend geluid ook – die bieten die in een scheepsruim donderen.

Op de golven van het IJsselmeer staan schuimkoppen, en

het waait keihard. Verderop wordt een jachthaven aangelegd. Volgend jaar zal Oude Zeug niet meer hetzelfde zijn, al
zal er, wat er ook gebeurt, opnieuw drie maanden keihard
gewerkt worden in de bietencampagne. Het is niet veel,
maar het is wel troostrijk. En het levert suiker op.

Nuenen

Overal wonen mensen. Dat is helemaal geen nieuws. Overal wonen mensen. Ze hebben allemaal hun zorgen. Hun plezier, hun verhalen, hun geliefden. Hun werk, hun geheimen, hun verlangens. Ze zijn allemaal bezig, het leven gaat altijd maar door.

Neem Nuenen.

Brabants dorp onder de rook van Eindhoven. Andere dorpen in de buurt: Gerwen, Nederwetten, Gemert, Mariahout. Vooral Nederwetten trekt, wat een prachtige naam. Maar we blijven in Nuenen.

Nuenen is niet groot. Het centrum bestaat uit een park waar een paar kroegen, de kerk en een oud klooster omheen liggen. De Parkstraat komt erop uit, en halverwege die straat heb je Parkhof – het winkelhart van Nuenen, met het alomtegenwoordige kwartet Kruidvat, Marskramer, Bruna, Aldi. Aan het andere kant van het park ligt een straat die Berg heet – daar heeft Vincent van Gogh gewoond, en *De aardappeleters* geschilderd. In het park, tussen de lindebomen, staat een beeld van de getormenteerde schilder. Het lijkt niet, maar waarom zou het?

Gebeurt er ook wat in Nuenen?

Op naar café De Zwaan, hoek Park, Parkstraat en Boordse-weg. Bij binnenkomst betaalt de gokkast in de hoek net uit aan een jongen die zo te zien al een tijdje aan het spelen is. Biertje erbij, asbak op een kruk. Heerlijk geluid, toch – al die rinkelende munten. Verder is het rustig in De Zwaan, hoe-wel, achter in de zaak zit een grote groep oude dames.

Koffie, appelgebak.

Achter de bar staat een jongen in een groen T-shirt. Hij heeft zwart haar dat in spikes recht op zijn hoofd staat en draagt een modern brilletje. Meteen maar ter zake komen, lijkt me: 'Gebeurt er wat in Nuenen?'

De jongen peinst.

Dat is een goed teken. Meestal zegt zo'n barkeeper dat er geen klap gebeurt in het oord waar hij werkzaam is. Ik wil dan altijd meteen vragen waarom hij niet verhuist, maar nu hoeft dat dus niet – lekker.

'Oké,' zegt de jongen, 'sinds een week hebben we eenrich-tingsverkeer in de Parkstraat. Ze zijn nu bezig met nieuwe fietsenrekken. Heb je ze gezien? En de oliebollenkraam van Paasbuis is er ook weer. Twee weken geleden speelde Row-wen Hèze hier. En zaterdag is het prinsenbal in Nederwetten, zondag receptie, want het is de 33ste prins. De zaterdag daar-op is ons eigen prinsenbal. Verder hebben we hier allemaal breedband, sinds een jaar, Ons Net heet dat, razendsnel.' Hij lacht en tapt, en kijkt verstoord de kant op van de gokkast – die betaalt alweer een stroom euro's uit. 'En zondag komt Sinterklaas aan.'

Zo, alles op een rijtje.

Het leven zelf.

Ik bedank de barkeeper en ga bij het raam zitten. Buiten passeert Nuenen zoals het er op een donderdagmiddag in november uitziet. Veel scholieren onderweg naar huis – de modekleur nog steeds roze, tassen onder de snelbinders.

Veel auto's ook, onderweg naar het parkeerterrein van Park-hof, een enkele oude dame achter een looprek, goed ingepakt tegen de kou. Sky Radio brengt intussen de nieuwste Madonna, twee mannen die op *De aardappeleters* niet zouden misstaan komen De Zwaan binnen en bestellen luidkeels 'een bokske'.

Voor de derde keer ratelt de gokkast – de jongen die hem bespeelt, geneert zich nu duidelijk, maar van opgeven wil hij niet weten. Groot gelijk. Je moet ergens beginnen, als je Nuenen wilt ontvluchten. Als je dat al zou willen, natuurlijk, want er is niets tegen Nuenen.

N310

Tien over halfzes. Tussen Elspeet en Garderen, op de Veluwe. Duisternis alom.

De N310.

Dan weer bossen, dan weer heidevelden.

Nevel.

Veel verkeer. Een stroom van koplampen achter het oranje zwaailicht van een tractor die niet harder kan. Overal het rood van achterlichten. En schimmen van inzittenden.

Uddel.

Kleine huizen, links en rechts van de weg, de meeste nog donker. Een krantenbezorger die oversteekt met zijn fiets aan de hand. Hij holt en valt bijna.

Net niet.

Plotseling aan de linkerhand: een helverlichte slagerij, leeg en helemaal aan kant. Slagerij Boeve. Nergens in de betegelde leegte zelfs maar een rek met rookworsten of soep van Struyck.

Achter de toonbank eenzaam de slager, een grote man met een kalend hoofd. Zijn witte schort heeft hier en daar bloederige vegen. Hij snuit zijn neus in een grote zakdoek. Achter hem staat de deur naar de koelcel open. Niet te zien zijn de rode randjes onder zijn nagelriemen.

Einde beeld.

Slager Boeve.

Zijn dag zit er bijna op.

Nieuwe duisternis.

Eén minuut later, aan dezelfde kant van de weg: slagerij Van Rhee. Een grote zaak, links en rechts volgestouwd met al hetgeen moderne slagerijen naast vlees verkopen, zo'n zaak met (hoewel onzichtbaar in het voorbijgaan) van die groene, plastic bosjes peterselie tussen de vleeswaren. Een vrouw in een witte jas met blauwe strepen haalt een doekje over de toonbank. In het fietsenrek buiten staat één damesfiets, de hare.

Einde beeld.

En daar is ook alweer het einde van Uddel: een streep door de naam. Nevelslierten trekken over de weg.

Bij een huis aan de kant van de weg gaat een deur open, de deur van de bijkeuken. Licht valt over het erf, een kleine jongen holt naar buiten. Moeders schaduw valt achter hem aan zodra zij in de deuropening staat.

De jongen stapt op zijn fiets. Van zijn moeder moet hij nog snel even naar de slager, vier slavinken halen. Ergens in de stroom auto's die op Uddel af komt, zit zijn vader.

'Naar welke slager moet ik?' heeft de jongen net gevraagd. En moeder heeft het hem verteld.

Kwart voor zes.

In Uddel wachten slager Boeve en de mevrouw van slagerij Van Rhee op de dingen die komen gaan. De een heeft zijn zakdoek net in de broekzak onder zijn schort gestoken, de ander haar vaatdoekje uitgespoeld. De dag is bijna ten einde, morgen is al bijna binnen handbereik.

Tiel

Ook in Tiel willen de mensen aan hun gerief komen. Daarom is Bob er, een rondborstige, al wat ouder man in een frisse, blauwe fleecetrui die op de hoek van het Jodenstraatje en de Westluidenschestraat een erotische winkel drijft.

In de etalage: spandex herenondergoed met militaire camouflageprint, kruisloze slipjes voor de dames, vrolijke kralenkettingen voor inwendig gebruik. In de lichtbak boven het raam Bobs naam en de toevoeging: *dvd, toys, glijmiddel*. Binnen: de gebruikelijke uitstalling van tijdschriften, films en hulpstukken, sommige te groot voor woorden. Achter de toonbank: Bob en een frêle vrouw met een hoekig kopje, jaar of dertig is ze.

Tussen de schappen: één klant.

'Zeg het maar, jongeman,' roept de vrouw.

De jongeman, diep in zijn jas, een grote canvas boodschappentas in de hand, komt naar de toonbank toe. 'Wat raad je me aan,' zegt hij, 'Viagra of Camara?'

'Dat hangt ervan af,' zegt de vrouw.

Bob zegt niks, hij draait een sjekkie.

'Wat is het verschil ook alweer?' informeert de jongeman. Hij posteert een elleboog op het toonbankje en gaat er gezellig bij hangen. Buiten begint het miezerig te regenen.

'Camara is met natuurlijke ingrediënten, en Viagra is chemisch,' zegt Bob, opkijkend van zijn rollende vingers.

'Ooh, dan moet ik Viagra hebben,' roept de jongeman uit. 'Daar heb ik de vorige keer veel plezier van gehad.'

Bob en zijn frêle assistente kijken sceptisch, maar laatstgenoemde trekt een laatje open en de bekende blauwe pillen komen tevoorschijn. Een paar minuten later schuifelt de jongeman de zaak uit. Hij steekt over naar de Koornmarkt, kijkt nog even in de etalage van het Tapijtcentrum Tiel en verdwijnt. Wie weet wat hij gaat beleven.

Bij Bob stopt nu een klein Japans autootje voor de deur. De parkeerlichten springen aan en een grote man in een leren jas stapt uit. Hij loopt om het autootje heen, haalt een grote koffer uit de bak en banjert de zaak binnen.

Een handelsreiziger.

Spoedig staat zijn koffer geopend op de toonbank. Hij heeft van alles bij zich. Anaal. Gangbangen. Lesbisch. Alles het neusje van de zalm. De dvd-doosjes glijden door zijn handen, een hoge stapel vormt zich op de toonbank. Bob neemt de boel geroutineerd door. Over zijn schouder kijkt de frêle vrouw mee.

'Oude wijven en spuitende vrouwen, heb je dat ook?' vraagt ze dan opeens. Ze lacht erbij, ze heeft het over de gewoonste zaken van de wereld. Groente en fruit, de markt.

'*Squirting*, bedoel je? Nee, die heb ik net vanmiddag verkocht. Maar ik kan er vrijdag een paar brengen.'

'En pissen?'

'*Golden shower?* Golden shower doet het niet meer. Of wil je pissen op straat?' Ook dit klinkt alsof de man het over het weer heeft, over Flipje, de Alexanderbrug, de Waal, Sinterklaas.

'Het liefst in de natuur,' lacht de assistente, 'daar is vraag naar.' Ze stoot Bob aan. 'En jij valt erop, hè?'

Bob zwijgt en rookt.

'Ik zal kijken wat ik kan doen,' zegt de handelsreiziger en hij begint zijn doosjes weer in de koffer te laden. Er is iets treurigs over hem gekomen – alsof zijn vorige handel toch beter liep. Dan geeft hij Bob een hand en weg is hij. 'Dag, schat,' roept hij nog.

Inhoud